真正的教育在游戏中

让孩子玩出
想象力 和 专注力

[法]苏菲·德·慕伦海姆　[法]拉蒂希亚·巩里翁·碧戈达　[法]莎芭娜·维奈 / 著

胡 月 / 译

朝華出版社
BLOSSOM PRESS

著作权合同登记号　图字：01-2018-0582号

图书在版编目（CIP）数据

让孩子玩出想象力和专注力 ／（法）苏菲·德·慕伦
海姆，（法）拉蒂希亚·巩里翁·碧戈达，（法）莎芭娜·
维奈著；胡月译. -- 北京 ： 朝华出版社，2018.5
（真正的教育在游戏中）
ISBN 978-7-5054-4221-4

Ⅰ．①让… Ⅱ．①苏… ②拉… ③莎… ④胡… Ⅲ.
①亲子教育 Ⅳ．①G781

中国版本图书馆CIP数据核字(2018)第019371号

真正的教育在游戏中： 让孩子玩出想象力和专注力

作　　者	（法）苏菲·德·慕伦海姆　（法）拉蒂希亚·巩里翁·碧戈达 （法）莎芭娜·维奈
译　　者	胡　月
选题策划	赵　曼
责任编辑	赵　曼
责任印制	张文东　陆竞赢
封面设计	孙艳艳　刘新岭

出版发行	朝华出版社		
社　　址	北京市西城区百万庄大街24号	邮政编码	100037
订购电话	（010）68413840　68996050		
传　　真	（010）88415258（发行部）		
联系版权	j-yn@163.com		
网　　址	http://zhcb.cipg.org.cn		
印　　刷	北京文昌阁彩色印刷有限责任公司		
经　　销	全国新华书店		
开　　本	710mm×1000mm　1/16	字　　数	220千字
印　　张	15		
版　　次	2018年5月第1版　2018年5月第1次印刷		
装　　别	平		
书　　号	ISBN 978-7-5054-4221-4		
定　　价	49.80元		

在这一年的时间里，共 52 周，我们要进行将近 200 个有趣的亲子活动，活动分 5 种形式，包括创意活动、瑜伽、冥想、小故事和蒙台梭利。通过阅读、运动、绘画、手工等，你和孩子都会非常享受这段美好的亲子时光。你可以在任何时候开始实践，跟随书中内容，同孩子一起慢慢成长。

✂ 创意活动

在一周里，你听到过多少次孩子对你说"我不知道要做什么"？孩子跟在你屁股后面，一次，两次，十次，不断要求你的陪伴，没完没了。如果你的孩子这样，那说明他想要一段专属的与你在一起的时光。如果孩子不知道要做什么，而你也没有什么想法的话，那么手头最好能准备几个现成的、简单有创意而又平静的活动：首先要简单，因为活动需要的原材料太难找或者太贵的话，你可能会放弃；其次要有创意，因为孩子脑子里有千奇百怪的想法需要通过这些活动表达出来。

这些活动可激发他们的艺术感，也是锻炼想象力、创造力和专注力的好办法，同时还可以帮助孩子形成自己的个性。最后是要平静，保证这段共度的时光是平和而美好的。有谁想来试一试？

🧘 瑜伽

瑜伽是一种古老的身体练习，通过从简单到复杂的动作及对气息的控制保持身体的灵活性，达到身心的放松。练习瑜伽可以让孩子有一个好的开始，使身体的灵活性和平衡能力更好，比大人更容易掌握一些高难度动作，获得更快的进步。

很多孩子天生爱冒险，他们只需大人稍加鼓励，帮助他们学习正确的姿势，便能很好地实践瑜伽这项运动。但切记不要强迫孩子，因为他们的身体、骨骼、肌肉都还在不断生长，过犹不及。

大多数孩子都很擅长模仿，所以当他们看到你练习瑜伽时，会很自然地开始模仿你的动作。另外，孩子的专注力一般不是很强，为了让他们注意力更集中，我们需要运用一些有趣的方法，刚好大多数瑜伽动作的名称都与爬行动物、鸟类等生物有关，比如，可以让孩子学习狮子吼，或者穿成驯蛇人的样子……

冥想

冥想是在专注力与呼吸之间寻求一种平衡的实践活动，从小学习如何呼吸，如何集中注意力，对孩子的身体和心灵成长都非常有帮助。学校里也有实践冥想活动的案例，老师们清楚地发现，通过冥想活动孩子们的性格有了明显的改善。

对于习惯用触觉来了解世界的孩子们来说，冥想是一个很抽象的概念，这本书的第一部分有关冥想的内容把重点放在注意力的训练上，专注于某一处，如某个载体、某种触觉。在快速和紧张的现代社会，人们常常会忽略这些小感觉，但这些感觉能帮助我们集中注意力，并且使我们更加放松。第二部分的冥想训练主要是呼吸法的实践，为了帮助孩子更好地理解，我们从动物和自然元素中吸取了灵感。第三部分与"mudras"有关，这个词来自梵文，是印章的意思，不同的"印"类似于手势瑜伽，让我们身体内的不同元素、专注力、呼吸之间达到契合。

瑜伽哲学认为，如宇宙一般，我们的身体也是由五种元素组成，分别对应五个手指，拇指对应火，食指对应气，中指对应空间，无名指对应大地，小指对应水，同时，手掌上的每一个部位与身体器官也是一一对应的。通过实践各种"印"，刺激手和手指的不同部位，可以放松身体，让各个器官更好地运转。

小故事

书中这些轻松的小故事都是以孩子为主人公的，孩子们听起来会很放松。故事都与自然有关，能把孩子们带入一个梦幻世界，让孩子在故事里获得心灵的平静。

蒙台梭利

蒙台梭利教育法是以观察孩子为基础的一种科学教育法。蒙台梭利认为每个孩子都有自己的发展规律，主张让孩子自然发展。给孩子提供一个他们需要的环境，在自由的空间内，鼓励和激发孩子的自主性和责任感，增强他们的自信心，尊重他们的学习节奏。

温馨提示

书中有些手工活动需要用到剪刀、钉子等比较尖锐的器物，一定要在家长的指导下进行。若发生意外伤害，本书出版者不负担任何责任。

目录

创意活动

如果我们能预知彼此的情绪，就可避免很多正面冲突。为了让家庭气氛保持和谐，我们要在家里安装一块小黑板，然后制作一个情绪表格，把每个人的情绪都填在表格里。当然，情绪不是一成不变的，所以表格可以随时修改。重点在于，摆在明面上的表格是一目了然的东西，可以让所有人都知道彼此目前的情绪状态。这样的表达渠道有助于避免争吵，让家庭气氛更加和谐。

认识情绪

❶ 将一张硬纸板分成六块，每一块下面写上一种情绪，六块对应六种不同的情绪，如伤心、快乐、愤怒、沮丧、兴奋、惊讶等。

❷ 在小纸板上画画，可以画一张笑脸、一个符号，也可以印一幅漫画、一个肖像、一只小动物等。如果家里有大孩子，可以把这项任务交给他们。最形象的是，让孩子根据不同的情绪做表情，用相机拍下来，然后冲印出来，这样的情绪卡是不是更别致？

❸ 在每个小纸板后面涂上胶水，贴在黑板上。如果你的"黑板"有磁性，如冰箱，也可以在卡片背后粘上磁铁。给每人准备一支不同颜色的笔，在各种情绪下面写上名字或者画上表情，"情绪板"开始营业！

情绪板

渴望、担心、骄傲、沮丧……刚开始孩子可能不太明白这些词语的意思，我们要先听听孩子的理解，抓住这个交流的好机会，跟他们聊聊各种情绪代表什么，帮助他们理解。

小一点的孩子可以这么玩：一定要给孩子解释清楚情绪表格的用法，让他们理解每一个情绪代表什么，最好能用最近发生过的事情做解释，孩子在听故事的过程中慢慢理解了，很快就会对这个表格产生兴趣，一天来写好几次。慢慢地，他们也就学会了根据自己的感受，把各种情绪填在情绪表格里。

曼陀罗蜗牛

- 练习颜色顺序
- 学习用渐变色

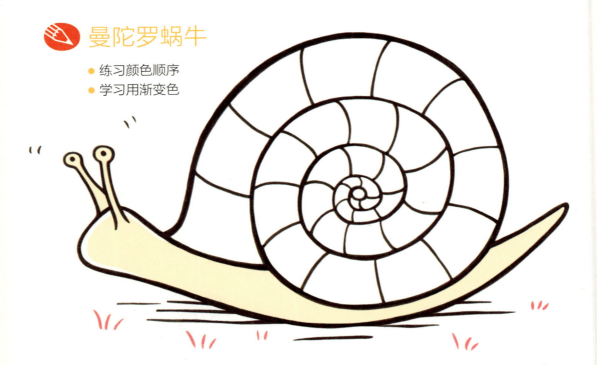

帮孩子选五六支颜色鲜艳的画笔，让他们给蜗牛涂色，确保相邻的格子颜色不同。

从外向内按顺序画，第一圈确定了颜色顺序后，后面就必须按照这个顺序画下去，直到涂完整只蜗牛。

大一点的孩子可以用蜡笔画，也需要按照一定的颜色顺序，第一轮可以描得很深，每一次重复上一轮的颜色时，下笔轻一些，让颜色越变越浅。

蒙台梭利

　　孩子是从模仿中建立自我的，他们观察周围的事物，然后复制出来。所以在教育中，孩子需要跟着大人的脚步前进，慢慢才能走上自己的发展道路。在这个过程中，大人要尽量制造机会和孩子在一起，让孩子模仿、学习和练习日常行为。

孩子需要学习生活中每一个细小的行为，
要一点一点耐心指导，不要着急，
直到他们能理解和顺利应用为止。

——玛利亚·蒙台梭利

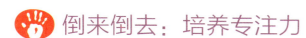 倒来倒去：培养专注力

准备工作：

材料：

- 1 个托盘
- 2 个杯子
- 一些种子

日常实践可以训练孩子的行动力。我们要给孩子充足的时间，让他们按照自己的节奏，毫无压力地进行练习，不要约束和限制他们。下面这个游戏可以帮孩子学会如何"倒"东西，如何给自己和别人"端"东西，这是他们走向独立的一项技能，也是培养专注力的一种方式。

❶ 做示范，"倒"的时候，坐在孩子右手边，慢慢示范，让孩子仔细看。

❷ 在盘子里放两个杯子，将右手的杯子装满种子。

❸ 用手握住右边杯子的杯柄，把里面的种子倒在另一个杯子里。

❹ 当杯子倒空后，给孩子看看，让他确认杯子里已经空无一物，然后把杯子放回原位。

❺ 让孩子自己"倒"。

❻ 孩子可能会不小心打翻杯子，不要紧，教他们如何用拇指、食指和中指把种子收起来。学得慢也没关系，让孩子在反复练习中慢慢体会，通过学习和练习增强自信。

还可以这样玩：

- 用勺子往杯里舀豆子。
- 倒小一点的豆子，如绿豆。
- 倒水。
- 倒大一点的豆子，如芸豆。
- 把一杯豆子分别倒入两个杯子。
- 用漏斗把东西倒入不同的容器。

瑜伽—冥想

怎么做？

这部分内容包括一些简单而有益身心的动作。找个安静的地方，随便开始冥想。让孩子仰躺在地上、地毯上或者床上，父母躺在孩子身旁，用温柔的语调给孩子描述每一个身体部位，用手指轻轻触碰所描述的这个部位，孩子会自然而然地把注意力放在这个部位上，并且记住它们的名字和特点。

身体的想象力游戏

 ## 头部的旅行

❶ 让孩子想象一下，他的头是一座大山，你们已经站在山顶了，现在旅程开始，慢慢向山下走。

❷ 把手指放在他的头顶，告诉他这里是"山峰"。

❸ 然后手指慢慢"走"向额头，经过额头的时候可以解释这里是"高山湖泊"。

❹ 经过两道眉毛时，可以说这里是两片针叶林。

❺ 两只眼睛和眼皮可以解释为两个簸箕，已经眨呀眨地忙活了一天，闭上眼让它们休息休息吧。

❻ 别忘了耳朵，这是两座峭壁，它们也需要好好休息。

❼ 再回到脸颊，这是两座小山峰，要亲一亲才能更放松。

❽ 现在是鼻子，这座大山负责呼气、吸气，没日没夜地工作，也需要好好放松一下。

❾ 然后是嘴，不要说话，把小嘴闭上休息休息，旅程停留在下巴的地方，再往下有一个大悬崖。现在，整个头部所有的"山峰"都放松下来了。

让孩子平躺下来，闭上眼睛，双手自然放在身体两侧，这趟旅程可以让他放松，自然地感受身体各个部位。

创意活动

　　跟孩子玩三次，他们就会爱上这样的表演活动。首先我们需要自己制作戴在手上的玩偶，最好十个手指头都戴上。其实并不难做，而且很有意思。当你表演时，孩子会看得津津有味，也许他们也能戴上玩偶编个故事。大一点的孩子可以跟你一起上台即兴表演，简直是老少皆宜的游戏，甚至在洗澡的时候也能玩。这个游戏还能让孩子学会灵活运用手指。

用手指玩角色扮演游戏

你和孩子都是演员：

❶ 直接用可水洗彩笔在手上画画，画在指肚上，让小人儿动起来更灵活。

❷ 给每个玩偶画个红鼻头，粘个眼镜，或者添加一些小装饰，让它们的形象鲜活起来。

❸ 洗澡时浴缸当剧场，比较保险的做法是戴上橡胶手套，用防水颜料在手套上画玩偶，以免孩子把手放进洗澡水里！

大一点的孩子可以这么玩：

❶ 让他们自己画手指，给玩偶戴个小围巾，或者戴个榛子壳做的帽子。

❷ 鼓励他们用纸做玩偶，把纸条卷成圈套在手指上，在上面画小人儿。

❸ 为了更好笑，可以用硬纸板做小玩偶。

❹ 如卫生纸的纸筒，在中间戳两个洞，把拇指和食指伸进去，就成了玩偶的胳膊。如此，一个生动的玩偶就做好了！

> **节目**
>
> 想表演个节目吗？编个故事吧，提高嗓门，再配点音乐，孩子肯定会迷上这个游戏。不会编故事也没关系，你可以找一本孩子喜欢的书，按照上面的故事进行表演。

蒙台梭利

　　你一定注意到孩子都很喜欢沿着墙边、马路牙子和木板走路。蒙台梭利最大的特点就是观察孩子，观察他们需要和喜欢什么样的活动。走直线让孩子有机会锻炼动作的协调性，发展专注力，锻炼平衡感，更重要的是可以锻炼最基本的行为——走路。

全神贯注地沿着线走

❶ 在地上画一个大大的椭圆形，可以用粉笔在地上画，也可以在地毯上用透明胶粘出一个椭圆形。

❷ 让孩子看看，你沿着这个椭圆形行走，从脚尖到脚后跟沿着画出的线条慢慢走。

孩子可能还会有其他好主意，比如头顶着东西走，用勺子盛一只球托着走，等等。

❸ 沿着反方向走，把两只手臂伸开保持平衡，在这个过程中不要说话，全神贯注地挪动脚步。

❹ 走完一圈后，可以让孩子也试试，等孩子渐渐熟练了，可以进行下一步练习，脚后跟顶着脚尖一步一步走。

❺ 孩子熟练一点后，给游戏再加点难度，比如：

- 托着空盘子倒着走。
- 在高台上走。
- 盘子上放一小杯水，托着走。
- 身上带个小铃铛，走的时候尽量不让它响。
- 托着一个烛台走。
- 匀速走。
- 大步走。

瑜伽

🧘 山式

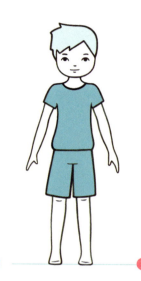

1️⃣ 双脚平行站直，两脚间隔十厘米。

2️⃣ 双臂自然下垂，手掌向下。

3️⃣ 手臂与身体保持几厘米间隔。

4️⃣ 双手自然伸直，手指向外弯曲，向上提。

5️⃣ 深吸气，深呼气，每组动作重复三次。

益处

我们的身体往往是不平衡、不完美的，总是会左右摇晃，这个动作可以锻炼我们的平衡力，减轻脊柱压力，防止脊椎变形。

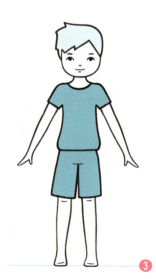
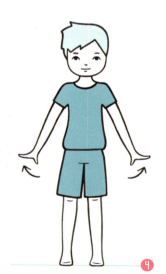

小故事

山

大山对我们非常有吸引力，每当爬山时你都会感觉很放松、很愉快。你有没有梦想站在山顶一览众山小？这个故事是我们幻想出来的。小时候每年暑假，爷爷都会带你去他家附近的山上徒步，那是一次说走就走的旅行，爷爷准备好各种物品，第二天清早爷孙俩整装向大山进发。

在爷爷家看大山，感觉一点也不难爬，然而当你朝着它前进时，却发现走了一整天，离山顶还很远很远。晚上，爷爷找好野营地，扎好帐篷，吃过晚饭，你们看星星、唱歌，爷爷还带了吉他给你伴奏。爷爷说，明天就能从山顶看到山下的家啦！第二天早晨，你们继续出发，路过一个小悬崖，爷爷紧紧抱着你，让你朝下看。太神奇了！你看到山下爷爷家的房子，看到整个村子，看到纵横的公路，路上行驶着卡车、客车等各种汽车，一切都变得小小的。

你突然听到有流水的声音，爷爷说那是一条瀑布，流向一个小池塘，你们打算去池塘游泳。你高兴极了，一到池塘边就迫不及待地换上泳衣，"扑通"一声跳进水里，水又清又凉。你们在水里嬉戏，爷爷说这个池塘是高山冰川融化汇集而成的。

你们继续朝山上走，慢慢地已经看不到下面的山谷。又走了两天，终于到了山顶，山顶空气清新，感觉一切好像都笼罩在一层雾气里，爷爷说那是飘得比较低的云。淘气的你于是张开嘴巴大口吃"云朵"。

到了该回家的时候，你恋恋不舍，爷爷答应以后每年都带你来玩。

给孩子读一段故事，让你们俩都放松下来。

创意活动

　　躺在草坪上，或者靠在窗口的玻璃上，仰望天空，教孩子观察和欣赏空中的云。找一个远离喧嚣的地点，享受一段放松的时光，利用这段时光跟孩子一起编个故事、异想天开、分享点小知识。你可以根据每天的时间、季节、天气情况来选择用不同的方式看云。

 展开想象力胡思乱想

小一点的孩子可以这么玩：帮助孩子分辨云的形状和颜色

❶ 跟孩子一起分辨小片的、大朵的、白色的和灰色的云。

❷ 给这些云起名为：爸爸、妈妈、宝宝，然后编个故事。

❸ 如果能看到云在飘动，那就更有趣了，想象一下它们要去哪，它们在天上能看到什么，它们为什么要旅行等。

❹ 通过讲故事，顺便给孩子讲讲你们的居住环境，周围有哪些城市、河流、平原、山等。

大一点的孩子可以这么玩：帮助孩子辨认像动物或物品形状的云

❶ 五岁左右的孩子可以辨认出天空中的"大象"或者"鲸鱼"。

❷ 帮助孩子展开想象，天空就是一个巨大的动物园，里面有各种各样的动物，或者天空是一个很大的历史场景，里面的人物随着阳光和风的变化而不断移动。

 倒影

小一点的孩子可以这么玩：给这只可爱的青蛙涂颜色，选择相对柔和的颜色。

大一点的孩子可以这么玩：用相同的色彩给水里青蛙的影子也涂上颜色。

再大一点的孩子可以这么玩：给倒影涂颜色，然后在其他地方画上波纹，表示水是流动的。

蒙台梭利

　　穿衣盒子游戏可以帮助孩子锻炼手部动作，解决日常生活中遇到的一些难题。穿衣服属于生活实践的一部分，可以锻炼自主能力和自理能力、增强自信心和自尊心。穿衣盒子游戏还可以锻炼手部肌肉，通过反复练习，帮助孩子学会如何克服困难，不断进步。

扣扣子：锻炼手部动作

准备工作：

衣服材料（旧衣服）：

- 带拉链的裙子
- 带大扣子的斗篷
- 带拉链的夹克衫
- 按扣马甲
- 腰带
- 纽扣环

　　注意：一件衣服只能有一种扣法，不能既有纽扣又有拉链。

基本材料：

- 准备几个宽 30 厘米、长 40 厘米的小纸箱，或者用厚纸板和胶水制作几个尺寸大致相同的盒子。
- 图钉或者订书钉。

　　把衣服扣子扣上，拉链拉好，然后剪成一个可以把盒子盖住的长方形，把拉链或扣子的位置放在正中间，用图钉或者订书钉把衣服从盒子里面固定住。

使用方法

❶ 给孩子介绍每一个盒子的不同，把盒子放在你面前，让孩子看你的手部动作。

要记住，你一旦动手帮孩子做，就相当于阻碍了他的自由发展，偶尔给他一个微笑、一句鼓励的话，不要事事替孩子动手。

❷ 不用对手部动作多加解释，先慢慢从上到下解开盒子上的扣子或拉链，然后再从下到上重新扣好。

❸ 演示完毕，让孩子自己尝试，不要期待他一下子就成功，让孩子多练习几次，在毫无干扰的情况下自己操作。

❹ 如果孩子向你求助，要鼓励他，告诉他现在弄不好也没关系，你会给他足够的练习时间，要努力自己完成。

❺ 你需要告诉孩子，你小的时候也不是一下子就能完成这样的任务，也要通过反复练习才能成功。

瑜伽—冥想

身体

 从颈部到臀部的旅行

现在，你的放松之旅从美丽的山谷出发，到广阔的平原结束。

❶ 让孩子想象一下他的脖子是一座桥，把大山和平原连接起来。把手指放在他的下巴上，然后慢慢走到这座桥上，这座桥太重要了，它把大山（头部）和平原（身体）紧密连接起来。

❷ 转动一下肩膀，两个肩膀带动胳膊运动了一整天，双臂伸开，两只手臂变成了悬崖，一直延伸到很远很远的地方，它们都需要好好休息。

❸ 我们来到指尖，慢慢把手臂向肩膀弯曲，伸向胸部。胸部就像一片广阔的平原，这片平原是有生命力的，随着我们的心跳和呼吸，这片平原也在上下移动。

❹ 把手指放在胸前，感觉心跳和呼吸的节奏。旅程继续向更广阔的平原延伸，就像地球表面一样，这片平原正在经历轻微地震，随着呼吸的节奏肚子在不断地上升下降。就

让孩子平躺下来，闭上眼睛，双手自然放在身体两侧，这趟旅程可以让他放松地感受身体。

在这片平原下面，有一个大机器在不停运转，以便维持我们的生命。

⑤ 跟孩子解释肚子里有个器官叫胃，用来消化食物，给全身输送营养。

⑥ 向左走或者向右走，来到胯部，胯部承载了身体一半以上的重量，运动了一天，现在它需要好好放松一下。

创意活动

美国流行一种 "幸运饼干"，这种饼干在美国的亚洲餐厅常常作为饭后甜点。月牙形的小饼干里藏着一些信息，等着吃它的人去发掘。想不想在家里跟孩子一起做这种饼干？里面藏一些有创意的信息，不管多大的孩子都能参与进来。备好小纸条，根据四季变化，在小纸条上画一幅画，写一个成语、一条格言、一段笑话，或者一句表达爱意的话，把小纸条塞进面团里，制作过程轻松愉快，而且品尝过程也欢乐美好！

 ## 从美食里找信息

从制作小纸条开始，在做蛋糕之前要把小纸条准备好，小一点的孩子可以在上面画画，大一点的孩子可以在上面写字，可以是一条谜语、一个笑话、一句话。

唯一规矩：纸条不能太大。

纸条大概 1 厘米宽、7 厘米长，如果孩子觉得小纸条太小了，可以先让他在大一点的纸上画画，然后帮他裁剪成小纸条，等所有饼干都吃完后，你们把这些纸条拼起来，这不就是拼图游戏吗？

注意：别忘了让孩子用无毒的彩色铅笔或者水彩笔画！

做饼干

原料：
- 1 个蛋白
- 50 克白糖
- 1 小袋香草糖
- 60 克面粉

一年四季
- 1 月 1 日：新年的祝福和愿望
- 4 月 1 日：一个笑话
- 母亲节，父亲节：一句感谢话语
- 生日：抽奖或者画一幅画

❶ 预热烤箱到 180℃。

❷ 把蛋白打至呈白色雪花状，加入其他原料。

❸ 在案板或蜡纸上挤出直径 8 厘米左右的圆饼。

❹ 放烤炉里烘烤大约 6 分钟，饼干呈柔软未干的状态。

❺ 每块饼干上放一张叠起来的小纸条，再把柔软的小饼干从中间对折成半圆形或者月牙形。

小窍门：当心！如果你想刻数字或者字母印章，一定要先在纸上写下来，把有字的一面贴在印章上再刻，这样印出来才是正的。

蒙台梭利

　　不管多大的孩子都喜欢镜子，你的孩子肯定也喜欢，这个游戏不但能用镜子玩，还能用其他照得出影子的物体玩。

擦镜子：体验动手的乐趣

准备工作：

材料：
- 1 个托盘
- 1 条围裙
- 1 块台布
- 棉花球
- 1 个杯子
- 清洁粉和一些水
- 1 面镜子
- 1 个沙漏
- 1 块抹布

❶ 你和孩子坐在桌子前，都系上围裙。

❷ 把准备好的所有材料放在托盘里，桌面铺上台布以免弄脏桌子，把棉花球、清洁粉、镜子、沙漏、抹布依次放好。

❸ 从左到右把这些东西摆整齐。

❹ 两手扶住镜子，让孩子看镜子上脏的地方。

❺ 拿一个棉花球，蘸一点水和清洁粉，一只手扶住镜子，另一只手轻轻地从左到右按顺序擦。

❻ 先擦一半，然后把沙漏倒过来，沙漏慢慢漏完时，玻璃上的水和清洁粉也干了。

❼ 用抹布把玻璃上的白色清洁粉擦掉。

❽ 让孩子看看擦干净的这一半镜子是不是看起来很棒。

❾ 把擦另一半镜子的工作交给孩子，让他模仿你刚才的一系列动作，擦完后把用过的棉花球和抹布扔到垃圾桶里，摘掉围裙。

瑜伽

树式

❶ 双腿自然站直，双脚平行，与肩同宽。

❷ 重心放到右腿上，左腿弯曲，脚心向内，脚后跟慢慢靠近右腿的膝盖，如果孩子的柔韧性好，可以帮助孩子把脚后跟放到大腿内侧。

❸ 双臂自然抬起，手掌朝上，保持平衡。

❹ 双臂逐渐伸直，轻轻呼吸。

❺ 双手在头顶交会，双眼平视前方，慢慢回到初始动作。

❻ 换另一条腿，重复反方向动作。

❼ 每组动作做三遍。

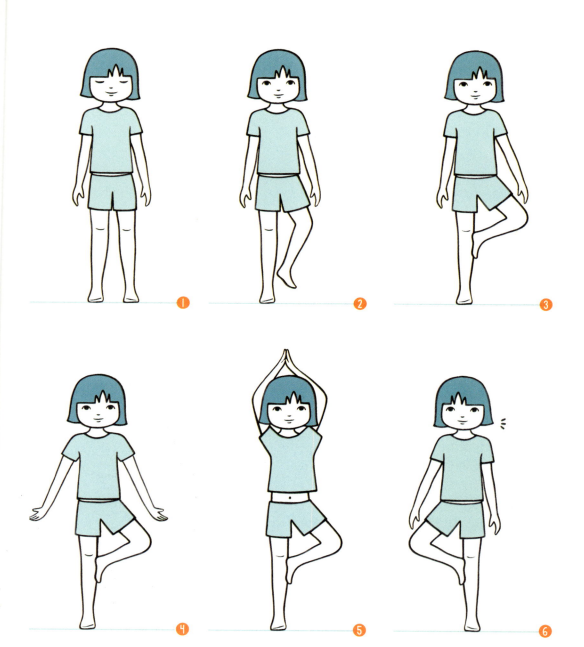

益处

　　这个动作可以锻炼孩子的专注力、平衡能力和腿部肌肉的灵活性，还可以放松腿部、臀部、膝盖和脚踝，手臂上扬的动作还可以帮助打开胸腔，促进心脏更好地工作。

19

鸟和鸟巢

平躺下来，闭上眼睛，放轻松，想象一下现在是清晨，你在小鸟的叫声中醒来。春天来了，你发现窗口停着一只麻雀，周围环境和大自然呈现一幅和谐景象。

你起床打开窗户，打算瞧一瞧花园里的小鸟，它就在那儿，在一棵大橡树的枝头上，它看起来很忙的样子，它在干什么？

小鸟突然飞走了，它要飞到哪里去？你感觉有点难过。不一会儿，它又飞了回来，嘴里衔着一个东西，离得太远你看不清，于是你去柜子里拿出望远镜。啊！原来是这样！它嘴里叼着一根小树枝，正忙活着筑巢呢！它会在这个小家产下自己的蛋，然后孵出小王子或者小公主，你真为它高兴，这让你想起自己在父母的呵护下的幸福美好时光。

突然小鸟又飞走了，发生什么事了？原来来了一只松鼠，这个不速之客把小鸟吓坏了。你听见它在远处喳喳叫，叫来了另一只小鸟，原来是鸟爸爸来了！两只鸟同时停在树上，把松鼠给吓跑了。

它们继续筑巢，这令你很高兴。两只鸟衔来一根又一根树枝，一起搭建它们美好的家园。

两天后，你听到了一个尖尖的鸟鸣声，你赶紧抓起望远镜，惊奇地发现有两只小小鸟刚刚破壳而出，它们正喳喳叫着，要求妈妈给它们喂吃的，它们一家看起来很开心，你也很开心。

几周后，你发现小小鸟已经慢慢长大，它们要离开鸟巢独立生活，其中一只正在努力伸开翅膀，试着往鸟巢下面跳。鸟妈妈看着它们，较小的那只第一次没有成功，眼看就要摔下去了，鸟妈妈赶紧把它推回鸟巢，你松了一口气，然后鸟妈妈又把小鸟赶到巢边，让它再试一次。加油啊，勇敢的小鸟，很快你就能用自己的翅膀在天空中尽情翱翔了。

给孩子读一段故事，让你们俩都放松下来。

创意活动

　　揉搓、脱模、拉扯、碾轧、压紧、滚动，玩面团的感觉轻松又有趣。做一点面团给孩子玩儿，除了能舒缓身心，还能让孩子很自然地展现自我，发挥创造力。大孩子和小孩子都能从中找到乐趣，我们只需要按照孩子的年龄给他们准备不同的面团。赶紧开始吧！

创意面团：展现创造力

准备工作：

材料：
- *1 杯细盐*
- *2 杯面粉*
- *1 杯温水*

　　把面团揉得有弹性，不粘手，如果感觉有点粘手，可以再加一点面粉，如果觉得面团太硬，可以再加一点温水。

① 创意面团作品制作好后，我们可以把它烤熟，先用 70℃ 低温烘烤，然后慢慢把温度调高到 120℃ 。

② 烘烤的过程大概需要 2 小时，如果作品特别厚可能时间还要更久。

③ 烤炉温度不能太高，否则作品容易被烤煳。

④ 烤好以后让孩子给他的作品涂色。

⑤ 丙烯颜料的上色效果最好，水粉颜料也不错。

⑥ 如果你不想在成品上涂色，可以提前把面团染好颜色，把食用色素滴在温水中再和面，也可以在面粉中加入辣椒粉、孜然粉等调料用来上色。

它曾是一棵大树

让孩子用铅笔给这棵树添枝加叶。

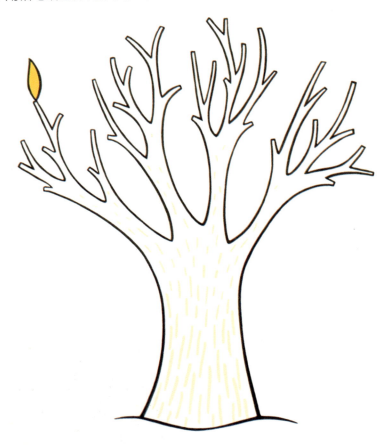

小一点的孩子可以这么玩：你可以先在树上画一片树叶，再让孩子按照这片树叶的样子画，最后给这些树叶涂上绿色。

大一点的孩子可以这么玩：发挥想象，树上可以有叶子、花、果实，甚至有糖果。

再大一点的孩子可以这么玩：画得更复杂，每一根树枝代表一个季节，不同季节的树枝可以用不同的东西来装饰，如水果、花、嫩芽、鸟巢、枯叶、雪花等。

蒙台梭利

通过这个游戏，孩子可以在生活中不同环境下进行打开、关上的动作。你可以收集一些形状、大小不同的盒子，甚至可以找一些比较复杂的盒子让孩子练习。

 ## 打开，关上

准备工作：

材料：

  收集几个打开方式不同的盒子

比如：

- 带有按扣的
- 有挂钩的
- 有拉链的
- 有磁铁的
- 有弹簧的
- 有搭扣的

❶ 把装满盒子的小筐放在桌子上，先拿起其中一个盒子，一只手拿着它，另一只手打开盖子。

❷ 把打开的盒子连同盖子一起，放在桌子的左边。

❸ 再拿起一个盒子，打开它，然后依次把所有的盒子都打开，把它们从左到右排好，然后再从左到右依次把他们合上，逐个装进小筐里。

❹ 让孩子学你的样子操作一遍。

> **更多想法**
>
> 如果有条件，可以自己做一些小盒子让孩子打开、关上，也可以在同一个盒子上设置不同的打开、关上的方式，如用钥匙开各种各样的锁。

⑤ 你也可以准备各种各样的小罐子，按照上面的方法打开、关上。

⑥ 如果孩子不会操作，请不要干扰他。当孩子向你求助的时候，鼓励他不要气馁，你可以说："这个盒子太难打开了，需要练习很长时间才能成功。你还想再试一次吗？打不开也没关系，你再多练习几次，很快就能成功了！"你还可以说："打不开也没有关系，失败是成功之母！"

⑦ 找一些新颖的盒子吸引孩子的注意力，能发出声音或者形状独特的盒子会很受孩子的喜爱哦！

瑜伽—冥想

身体的想象游戏

 ## 从胯部到脚趾的旅行

放松之旅从胯部平原延续到脚和脚趾组成的小山峰。

❶ 把手指放在孩子的肚子上，向胯部移动，胯部一直承载着身体的重量，需要好好休息放松一下。

❷ 腿部之间是一条河流，两条腿帮助我们行走、奔跑、跳跃，当然应该好好休息一下！

❸ 在走到河流中央时，你遇到了两个旋涡，这是两个膝盖，用手指在膝盖周围画圈，表示旋涡在旋转。

❹ 膝盖放松后，我们可以继续往河流的下游走。

❺ 可以在途中迅速地看一看两个膝盖之间的小瀑布，然后快速通过小腿的险滩。在一天的行走、奔跑和跳跃后，小腿也应该好好放松一下。

❻ 到达河流的尽头时，有一片由两个脚踝组成的小池塘，在鞋子里待了一天的脚踝也需要透透气、放松放松了。

让孩子平躺下来，闭上眼睛，双手自然放在身体两侧，这趟旅程可以让他放松下来感受自己的身体。

❼现在，我们来到两座小山峰前，两只脚承载着身体全部的重量，它们需要好好休息一下。最后我们绕着小山走一圈，看看山后的小岩石——这是我们的脚底，然后来到小山的最高峰——这是脚趾。

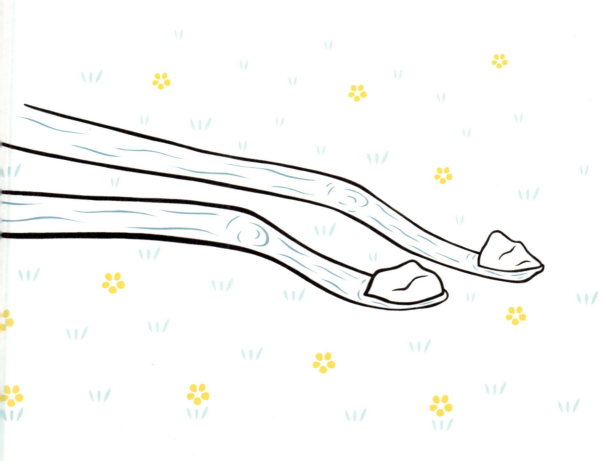

创意活动

　　姥姥和奶奶很喜欢用热水袋暖被窝，在寒冷的冬天让床变得很温暖，你生病的时候，她们也喜欢用暖水袋给你焐肚子缓解不适。然而现在市面上的塑料暖袋一点质感都没有，更别说质量了。你有没有想过跟孩子一起"DIY"一个特别点的暖袋？需要的材料不多，操作简单，还环保，只要你发挥想象力，就能做出一个漂亮的专属暖袋。

 ## 做一个安抚玩具

制作暖袋

材料：
- 一只旧袜子或者一只海绵手套（羊毛手套也不错）
- 一些小麦或者稻米　　● 棉线　　● 针

1 选择一个大小合适的布袋子，旧袜子、旧手套都可以。

2 让孩子帮忙把里面填满稻米或小麦。

3 用针线把它缝起来，注意要缝紧。

4 用扣子、布料、珍珠、亮片、丝带等给暖袋装饰一下，注意避免使用金属物。

5 把暖袋放入微波炉里小火力加热2分钟，这时暖袋温度刚好合适，抱在手里格外温暖，注意不要直接接触皮肤。

 暖袋
别再用市场上买的那些热水袋了，自己做一个迷你环保暖袋，天冷的时候抱在怀里多温暖啊！

蒙台梭利

上次玩儿面团的时候孩子是不是很开心？这次我们就来实践一下做面包。面包的制作过程很简单，揉面让孩子有机会实践触觉感受。在厨房里你能找到所有原材料，你还可以给孩子讲讲关于面包的历史和故事，让孩子知道面粉的来历，给他们讲讲如何动手制作面包。

 做面包：实践触觉感受

准备面团

配料：

- 600 克面粉
- 2 小勺盐
- 1 小勺油
- 1 袋酵母粉
- 50 毫升温水

❶ 把面粉倒入一个大碗中，加入盐和酵母。

❷ 把面粉从中间挖一个小洞，加入油和水，用勺子搅拌，直到感觉面粉基本凝结。

❸ 用手揉面，揉成一个球形。

❹ 用一块布把面团盖住，等待面团发酵成原先体积的两倍大。

> **延伸**
>
> 让孩子发掘有关面包的故事，了解小麦如何从一颗种子变成一块面包，你们也可以一起种小麦，每天观察麦苗的变化，还可以跟家门口的糕点店联系，带孩子去看糕点师傅工作，糕点师傅也许能跟孩子分享一些有趣的故事。

⑤ 烤箱预热到 220℃，把面包放进
   去烘烤 35 分钟即可。

对孩子来说揉面可能是一项困难的工
作，不要吝啬你的鼓励，孩子没法把面
揉得光滑圆润，这非常正常，但是你一
定要鼓励孩子，告诉他无须任何人的帮
助，他一定可以独立完成任务，让他自
己摸索和实践，完成后他会获得强烈的
自豪感。

瑜伽

🧘 月亮式

❶ 双腿站直，膝盖弯曲。

❷ 双臂一点一点抬高，均匀呼吸。

❸ 双臂继续向上抬，向后弯腰。

❹ 恢复起始动作，保持呼吸，重复做三次。

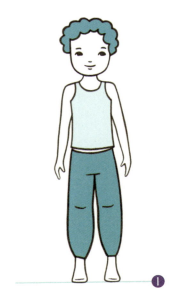

💬小故事

月光

躺下来放松一下，看到今晚的月亮了吗？春天的夜晚，月亮挂在天上，又大又圆又亮，每晚月亮都会有所变化，它会慢慢变得越来越小，变成月牙儿，甚至有时候天上根本没有月亮。然而第二天，月亮又回来了，然后慢慢越变越大，从天边升起又落下，从一个小小的月牙儿，渐渐变成一个大大的满月。

渐渐地月亮成了你的好朋友，你跟爸妈一起散步的时候，月亮陪着你，她跟你在树林里捉迷藏，你走路或者坐车回家的时候，她也陪着你，在树丛后面若隐若现。你走到哪儿她就跟到哪儿，因为她是你的好朋友。姥姥给你讲了很多关于月亮的故事和传说，月亮也去过姥姥家，在花园的池塘里，你用小桶舀起一桶水，月亮就在桶里！

你跟她说话，她给你讲她的环球旅行，讲她跟随地球一起环太阳的旅行，讲她的那些行星朋友，其中最大最强壮的叫木星，被气体包住的叫土星，蓝色的叫海王星，绿色的叫天王星，红色的叫火星。她告诉你，在她身后飞快穿过，拖着一道光的叫彗星。你告诉她你也想看看这些星星，告诉她你白天在学校遇到的朋友、发生的事。

夜沉沉，你该去睡觉了，你请求她明天还来陪你，以后每一天都来陪你，她说她会一直在那儿，如果你不来，她的其他朋友也会出来。你特别舍不得她，跟她拥抱、道别。在你沉沉入睡的时候，月亮依然在那里，整夜散发着柔和的光。

给孩子读一段故事，让你们俩都放松下来。

创意活动

我们可以用印章创作一幅非常好看的画，即使孩子年龄还很小，也能用印章做出特别棒的图片，只要你在印章的颜色和形状等方面下点功夫。给你出个点子，用家里日常使用的回收品，就能做出丰富多彩、妙趣横生的印章。只要掌握技巧，你就可以在画纸上、信件上、笔记本的封面上等很多地方盖上印章。

盖印章：认识颜色和形状

小一点的孩子可以这样做：

直接用乐高拼插玩具或者积木当印章玩儿。乐高拼插玩具的正面和反面印出来的印章效果是不同的，非常有趣。

如果你有时间，还可以这样做：

❶ 用土豆或者胡萝卜刻一个印章，这绝对是个技术活，最好由大人完成，刻一些简单的几何图形，但要求刻画得精细一些。

❷ 用金属模具给蔬菜切出形状，也是个好办法。

大一点的孩子可以这样做：

❶ 用硬纸板做印章，刻成简单的形状，如小房子、桃心、星星等，或者用塑料泡沫做出更精致的图形，如花、小鸟、小人儿等。

❷ 把印章模型贴在一块更大更厚的纸板上，或者贴在瓶盖上，这样印章就有了一个底座，蘸颜料的时候就不会弄到手上了。

小窍门： 当心！如果你想刻数字或者字母印章，一定要先在纸上写下来，反着贴在印章上再刻，这样印出来的印章才是正的。

没有印泥怎么办?

如果家里没有印泥怎么办? 而且印泥最好是不同颜色的。别着急,我们可以用颜料代替,用画笔蘸一点颜料涂在印章上,不要蘸太多,以免颜料滴得到处都是,颜料也不要太浓稠,免得化不开。

 错觉

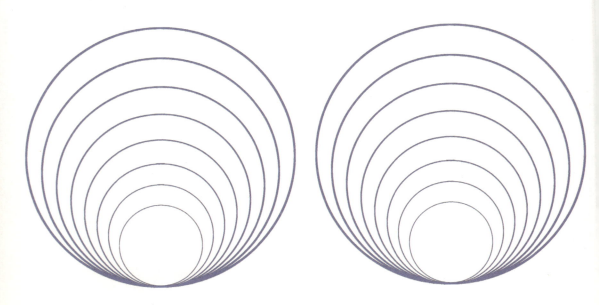

小一点的孩子可以这么玩:用不同的颜色给第一个圆里的每个区域涂色,然后按照相同的顺序,给第二个圆涂色,只是这一次用"点点点"的方法去填。

大一点的孩子可以这么玩:花点时间找同一个色系从深到浅不同的八种颜色,第一个圆从浅到深涂色,第二个圆从深到浅涂色。问问他们看到了什么效果,是鼓起来的锥形,还是凹进去的隧道形?

蒙台梭利

　　蒙台梭利教育法里有一项"感谢与礼仪"教育，以舞台表演的形式进行礼仪练习，用大人在平常生活中的态度对孩子说话，孩子会模仿大人的行为。角色扮演小短剧可以让孩子用轻松愉快的方式了解我们的社会规则和人与人之间的礼节。

> 告诉我，我会忘记，教导我，
> 我会记住，让我参与，我才能学会。
> ——本杰明·富兰克林

角色扮演

❶ 你可以邀请你的另一半，请一个大点的孩子，再请一位朋友一起参与。

❷ 给每个参与者安排好他该说什么、做什么。

❸ 举个例子：如何请求某人做某事。告诉孩子如果我们想要得到什么东西，一定要说"请"，你可以表演如何请某人帮忙。

❹ 你的孩子是观众，你和另一位参与者一起表演这个场景。

❺ 你对另一位参与者说："请您给我一杯水好吗？"这位参与者回答："好的，我去给您拿。"等他拿来一杯水后，你要对他说："非常感谢！"他则要回答："乐意效劳。"

❻ 让孩子表演一遍刚才你扮演的那个角色，如果你的孩子不愿意表演也没关系，你可以再演一遍，然后再邀请他试试，但是态度要平和，不能强迫孩子，要保持气氛欢乐。

❼ 你还可以表演一些别的场景，如问好、道别、道谢、请求原谅、赞美他人、让路、请求帮助等。

> 生活中遇到的所有情况都可以用角色扮演的方法演给孩子看。

瑜伽—冥想

身体的想象游戏

 ## 背部的旅行

旅途从头部开始，到脚后跟结束。

❶ 从头部的小山开始，顺着脖子的斜坡向下走，脖子一整天都支撑着头部，让它放松、休息一下。接下来是一片平原荒漠，那是背部，这片平原的中轴线上有一些排列整齐的岩石，它们是脊椎骨。

❷ 用你的手指慢慢滑过每一块脊椎骨，让孩子感受脊椎的放松。

❸ 我们慢慢到达平原的最深处，那是腰部，接下来是两座高高隆起的大山，那是孩子的小屁股，软软的屁股也应该好好休息一下。

❹ 两座大山分别向两条河延伸，我们慢慢前行，来到大腿和小腿之间的腘窝。

❺ 手指停留在腘窝处，告诉孩子这里要好好放松休息一下，
因为它们要经常弯曲、伸直，非常辛苦。

❻ 手指继续向脚后跟滑行，脚后跟承载了整
个身体的重量，所以也应该好好地
放松一下。

这个动作需要孩子面朝下，俯卧。

创意活动

　　时光如水，你在日常生活中也常常会表现出这种情绪，我们要与时间赛跑，你的孩子也不得不跟上这种快节奏。"别磨蹭！""快点！""来吧，加快速度！"这些话你每天要跟孩子说多少次？是不是感觉很累？我们真正要学习的是停下来，让孩子停下来休息一下。为了打破这种快节奏，我们时不时要对生活喊"STOP"，让时间恢复它本来的慢节奏。

停下来：让时间恢复慢节奏

❶ 这是一个随时随地可以玩，不需要任何道具的游戏，只需要在一天的某个不经意的时刻喊出："停！"让一切停下来。

❷ 每个在场的人必须停下手头的工作，休息两分钟。孩子如果在堆积木，要暂停下来，大人正在吵嘴，也要暂停下来，即使你有一千件很重要的事情要做，也要暂停下来。

❸ 停下来休息两分钟，这两分钟我们用来做什么呢？答案是什么都不做，看看我们周围的事物，做个深呼吸，静静聆听，想想我们刚才正在做的机械化劳动，总之就是感受当下。

❹ 和孩子在一起的时候，这个游戏可以帮助你们化解争吵，即使两分钟过后孩子有可能吵得更凶，但你依然得到了片刻的宁静。这个游戏可以缓解兴奋过头的情绪，让充满噪声的家得到片刻的安宁。

❺ 如果你不想喊"停"，可以准备一个小铃铛，听到铃声就安静，两分钟后再摇摇铃，一切恢复正常。但是发起"停"信息的人不一定是你，孩子也可以喊停，你可以用厨房的定时器帮孩子计时。

蒙台梭利

　　孩子应该跟大人一起做些日常工作，通过观察、模仿和反复练习，学习如何塑造自我。能像大人一样完成能力范围内的任务，会让孩子体验自豪感，拥有自信心，变得越来越独立。厨房是个好选择，孩子可以在做饭的过程中练习数数，可以讲关于食材的故事，还可以发展他们的触觉、嗅觉和味觉。

示范并不是一种学习方法，实际上，它是唯一的学习方法。

——甘地

 做饭

❶ 孩子能够完成食材准备阶段的很多工作，首先，你要给孩子准备一些大小适合的器具，他们要跟你一起真刀真枪地干活儿，要注意安全，给他们安排一些不危险的工作，让孩子在这个过程中尝试犯错误和改正错误，让他们自己感受和学习。你可以让孩子自己做一盘沙拉、一个蛋糕，或者一个面包等。

让孩子参与做饭可以帮助他们了解自己吃了什么，扩大孩子的词汇量，孩子非常喜欢品尝自己做的食物。

❷ 如果准备做沙拉，让他们把菜洗干

净，沥干水，切成形，拌上沙拉酱。

❸ 孩子也可以自己做蛋糕、苹果派等。去菜市场买一些苹果，洗干净，去核，切成片。你可以帮孩子和面，也可以在超市买现成的面坯，让孩子把面坯放在馅饼盘上，用叉子扎一些小孔，然后把切好的苹果一片一片摆上去，放几块黄油，撒一些白砂糖，放进烤箱，一个派就完成了！

瑜伽

 ## 前曲体式

❶ 双脚平行站立，身体向前弯腰。

❷ 向前的同时呼气，双手前伸，尽量触摸脚尖，腿保持伸直。

不要太过用力。

❸ 保持呼吸均匀。

❹ 重复这个动作三次。

益处

这个动作让背部得到拉伸，腹部的各个器官得到放松，可以帮助缓解肠胃不适。

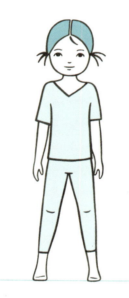

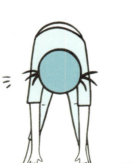

和朋友去森林

躺下来放轻松，想象一下你现在正在森林中玩耍，这片森林是你和父母经常来散步的地方，因为你家就住在附近，所以父母经常带你来。这片森林很大，中间还有个大池塘，这里有很多动物，鸭子在水里游来游去，在芦苇丛中躲猫猫；松鼠在树上跳来跳去，燕子在树丛中飞来飞去，你在森林里踢球，这是你最喜欢的游戏。

突然身后传来一阵笑声，你回过头，发现有个孩子躲在树后面，正在朝你微笑。他是你的好朋友，这真是一个惊喜。你和朋友一起玩，你们有说有笑，非常开心。

他还带来一件好东西：自行车！车后面还绑着一个滑板。你跳上滑板，他也跨上自行车飞快地骑起来。你喜欢这种飞快的感觉，比广场上的旋转木马还要快。清新的空气吹过你的脸和头发，你觉得自己好像在两棵树之间飞，身体越来越轻。

现在你们来到一片草地，在草地上躺下，太阳晒在身上暖暖的，很舒服。从头顶晒到眼睛、鼻子、嘴巴，然后晒暖了躯干、脚趾。太阳慢慢落下，躲到了树丛后面。该回家了，你拿起皮球，把它送给你的朋友，他接过皮球，跳上滑板，这次该你骑自行车了，你很开心，因为回去的林中小路是个下坡路，根本不用使劲蹬，自行车就会跑得很快。

很快你就到家了，你从自行车上跳下来，跟朋友说再见，别难过，你们明天还可以一起玩儿。

给孩子读一段故事，让你们俩都放松下来。

创意活动

　　吹泡泡是孩子们都喜欢的游戏，特别是年龄小一点的孩子，他们喜欢看泡泡飞起来，飞得越来越高，他们喜欢泡泡反射出的五颜六色。你从市面上买一瓶泡泡水，玩儿两次就用光了，或者还没等用完就打翻了，让本来快乐祥和的气氛变得有点儿让人沮丧。幸好还可以自己做泡泡水，想要多少有多少！你说没有吹泡泡的工具？那简直太容易解决了，赶紧让大大小小的泡泡带给你快乐的游戏时光吧！

 ## 吹泡泡

在家里准备泡泡水

配料：
- 1 杯大约 100 毫升的水
- 1/4 杯餐具洗洁精
- $1\frac{1}{2}$ 勺白糖
- 1/2 勺玉米淀粉

大一点的孩子可以这么玩：发明不同大小的工具，把塑料饮料瓶从中间切成两半，用瓶口的圆环就可以吹出很奇妙的泡泡！或者用一截塑料管，朝着管口使劲吹气，也可以吹出很大的泡泡。

1　用少量的水把糖和淀粉调匀。

2　加入剩下的水和餐具洗洁精，慢慢搅拌均匀，注意不要搅出太多泡沫。

3　至于吹泡泡的小棒，可以用你之前从商场买回来的，用光或者弄洒的那个，用小棒蘸一点自制泡泡水，开始吹泡泡吧！

4　如果你家没有小棒，可以用一根吸管，或者把晾衣架弯成个小圆环形状，或者把塑料剪刀反着拿，可以吹出两排泡泡。

5　观察泡泡的大小、形状、颜色，然后比比谁吹得最棒！

小窍门：如果天气不好，可以在浴室里玩，同样能看到明亮的泡泡。

 画像

让孩子在这个方框里画一张像。

让**小一点的孩子**指一指画像的鼻子、耳朵、头发等，让他们学习并记住这些词汇。

大一点的孩子按照他们的想象，把自己的形象画成消防员、舞蹈家、骑士等等，让他们在画的时候注意描绘自己的特征，比如长头发、眼睛的颜色、皮肤的颜色等。

再大一点的孩子可以站在镜子前给自己画一张自画像。

蒙台梭利

　　有时候孩子觉得穿外套是件难事，尤其是在冬天，为了御寒还得穿好几件衣服。但是无论如何，要让孩子自己完成这项工作，以培养其自理能力。你可以选择购买一些容易穿脱的衣服，让他们循序渐进地练习，渐渐锻炼独自穿衣的能力。

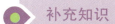 穿外套：培养自理能力

1 穿外套有一个很简单的窍门，就是先把衣服平铺放好，把袖子摆好，孩子就能很轻松地拿起外套。

2 抓住领口，先把两个胳膊穿进袖子里，然后拽着领口套到脖子上，非常简单！

3 穿衣服对培养孩子的自理能力非常重要，可以让孩子成为一个独立的人，慢慢适应周围的环境、增强自信、维护自尊，从而发展智力、培养逻辑能力、培养感知力。

补充知识
为了培养孩子的自理能力，你可以调整一下家里各个家具的摆放位置，让孩子参与其中，让他们按照自己的想法摆放家具，安排自己的日常物品。

瑜伽—冥想

 平躺放松

这一部分的每个环节都会采用按摩的方式让身体放松下来，在冥想中得到身体的放松。

1 从头部开始，用手指按摩眼睛、鼻子、嘴巴、耳朵，跟孩子解释每个部位的作用，哪个部位可以看，哪个部位负责听，哪个能够说话……让孩子在按摩的同时得到休息和放松。

2 手指从面部移动到胸部、肩膀、手臂、手和手指，这些部位要慢慢放松下来，整个上身都参与到呼吸、心跳、消化活动中，手臂也在不停地工作，他们都需要完全放松。

3 重新抬起手臂，从胸部滑过腹部和臀部，这是人体中段非常重要的部位。然后从臀部到腿部、膝盖、脚和脚趾，这些部位是身体的下肢，它们主要负责运动。腿部肌肉每天要经历非常严峻的考验，让它们放松下来，它们每一天都需要享受放松的时刻。

4 让孩子俯卧，手指滑过背部，按摩脊椎有利于增强脊柱功能。然后，来到参与运动的臀部、腿部和脚。背部和臀部是我们平时比较容易忽视的部位，然而正是这两个部位的支撑，我们才得以站立行走。最后我们再按摩脚和脚后跟，这两个部位承载了我们全身的重量，也是至关重要的。

5 在结束了这段冥想旅程后，你的身体得到了放松，现在又重新充满了能量。

> 让孩子平躺下来，闭上眼睛，双手自然放在身体两侧，这趟旅程可以让他们放松地感受自己的身体。

创意活动

做饭是大人和孩子都感兴趣的一项活动，最好选择简单一点的菜式。做饭可以传递好心情，收获动手和品尝的双重快乐。亲手把面团变成大大小小的心形蝴蝶酥，然后制作包装盒，用装饰纸卷成小纸筒，装满蝴蝶酥送给亲友作为生日礼物或者表达爱意，简直太美好了！

 ## 做蝴蝶酥：表达爱意

制作心形蝴蝶酥

配料：
- *1 卷酥面*
- *大量糖霜*

❶ 制作面点的同时，烤箱预热到 210℃。

❷ 把酥面皮展开，撒上两三勺糖霜，轻轻按压糖霜，让它粘在面皮上。

❸ 把面皮从两边向中间卷，卷成一条。

❹ 将面卷切成 1 厘米宽的小片。

❺ 面片放在蜡纸上，用手整理出桃心的形状。

❻ 再撒上一层糖霜，放入烤箱烘烤 15 分钟，酥面就会膨胀变成心形。

小窍门： 孩子们可以用装饰纸做成小纸筒来装心形蝴蝶酥，做法非常简单，拿一张白纸，在上面画上图案，然后卷成喇叭形，再用透明胶粘好即可。

蒙台梭利

安静教育是蒙台梭利教育法的一大特点，很多传统学校也乐于使用"安静"教育，这一传统来自公共场所"保持安静"的习惯。

绝对的安静等于绝对的静止。
——玛利亚·蒙台梭利

做一张安静板：控制行为和情绪，锻炼专注力

❶ 找一张照片或图片，总之是让人联想到安宁平静的画面。

❷ 把这幅画镶到相框里，然后在相框背面写上"安静"二字。

❸ 找个醒目的位置，如客厅的墙上，把这个画框挂起来。

❹ 在孩子情绪平静的时候带他体验安静板。

补充知识
这个游戏的重点不是为了让吵闹的孩子安静下来，选择孩子情绪平稳、相对安静的时候尝试，这样孩子能更好地控制自己的行为，从而享受安静。定期练习，保持情绪平和欢乐，你和孩子都可以学习更好地控制情绪、行为和思想，更好地集中注意力，释放对他人的控制欲。

⑤ 两个人站在这幅画下面，尝试让全身放松下来，从脚开始，然后是腿、躯干、胳膊、手、头部。

⑥ 保持安静几秒钟，然后和孩子说："你听到什么了吗？我们正在体验一件非常棒的事，我们在保持安静。"

⑦ 把画翻过来，让孩子能看到板子背面写的"安静"二字，然后把画翻回来，保持安静，持续一段时间。

⑧ 对孩子来说控制住"动"的欲望不是一件容易的事，你可以提一些建议来吸引他们的注意力，同时又可以保持安静，比如：

- 听听屋里的声音，听听屋外的声音。
- 听听自己的呼吸声。
- 说说悄悄话。
- 轻轻踮起脚尖。

瑜伽

🧘 三角式

1️⃣ 双腿分开，双脚平行站立。

2️⃣ 双手向身体两侧举起，与肩平行，手心朝下。

3️⃣ 保持手臂平行，深呼吸。

4️⃣ 身体向右侧弯曲，手臂保持平行，右手触碰右脚，呼气。

5️⃣ 保持身体弯曲，左手和左臂伸直，目光注视左手。

6️⃣ 身体向左侧弯曲站立起来，重复相反动作。

7️⃣ 每组动作重复三次。

🌸 益处

这个姿势有助于放松脊椎，身体弯曲还有助于增强消化功能。

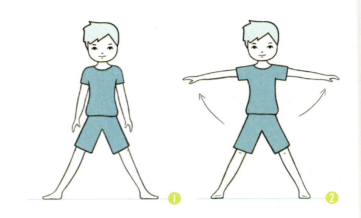

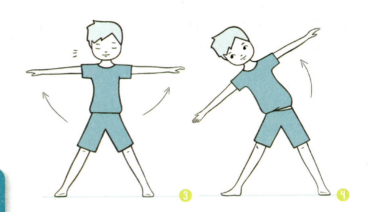

花田

平躺放松下来，想象一下在一个晴朗的早晨，你在一片花海中醒来，你在千万朵五颜六色的花丛中，有一些花刚刚没过脚面，有一些花甚至比你还高，有向日葵、郁金香，还有雏菊。

那些花丛中的小动物正在辛勤劳动，蜜蜂正在嗡嗡嗡采花蜜，有时候好几只在同一朵花上，你争我夺看谁采的花粉和花蜜更多。大蚱蜢在高高的植物间跳来跳去。它们在空中与翩翩起舞的蝴蝶相遇，那些姹紫嫣红的花好像在招呼它们落下来休息。还有一些小昆虫在叶子后面藏着，害怕毛毛虫把它们吃掉。

每朵花都与众不同，郁金香像一个个小酒杯，向日葵扬着一张张美好的笑脸，一直朝着太阳的方向，鲜红的虞美人把空气都染成了红色，还有清新可爱的小雏菊。

你被一大片蒲公英吸引住，只需要轻轻一吹，蒲公英的伞忽的一下向四处飘散，你把四五枝蒲公英摘下来放在一起，用最大的力气吹，那小小的白色的伞纷纷飞向天空，随风飘舞。

突然，一阵风从远处的草地吹过来，花瓣随风纷飞，在空中飞舞，落在你的头上。这种美好的感觉将一直跟随着你，无论你去哪个地方、哪个国家、哪个世界。

给孩子读一段故事，让你们俩都放松下来。

47

创意活动

　　大自然有它自己的节奏，比我们的生活节奏更慢。有时候大自然的节奏可以帮助我们摆脱纷纷扰扰的世界。观察植物的生长可以培养孩子的耐心和观察能力，用心观察，每一天都可以发现不同的惊喜。一些种子能在相对较短的时间内发芽生长，带给孩子无限的惊喜和欢乐，再加上一点点想象力，就成了我们创意的源泉。

嘘！种子发芽了：培养耐心

准备播种

材料：

- 一把柠檬种子
- 一些棉花
- 一些水
- 一只透明玻璃瓶

❶ 把棉花放进水里，让棉花吸满水，玻璃瓶底铺满棉花，把柠檬种子均匀撒在棉花上。玻璃瓶摆在光线充足的地方。每天早晨和晚上去查看一下。

还可以一起种蚕豆、芸豆这样形状大一点的豆子，先把豆子在水里浸泡半天，然后放到棉花上，否则这种大豆子很难发芽。

❷ 保持棉花湿润，但水也不能多到淹过棉花，否则种子容易腐烂。柠檬种子就会慢慢发芽生长，又不会一夜之间长得过快，一周后应该就能看到可爱的小苗了。

❸ 你可以让孩子把小苗每天的样子画下来，或者在每天的同一时间给小苗拍一张照片，让孩子更直观地对比植物生长的过程。

❹ 跟孩子一起观察小苗的形状、颜色和它的生长方式，享受生长的神奇。

这样可以更好玩

找一个蛋壳，画上眼睛、鼻子、嘴巴，再画上几根搞笑的头发。把棉花和种子放进去。

 献花

蒙台梭利

孩子特别喜欢玩剪纸，而且愿意反复练习，把你给他的所有东西都剪碎，千万要注意不能让孩子"自由乱剪"，以防剪到手。让他们慢慢练习，渐渐掌握剪的技巧。

 剪纸

准备工作

材料：
- 1 个托盘
- 1 个小碗里面放几条 2 厘米 × 3 厘米大小的小纸条
- 1 把剪刀
- 1 个空碗

❶ 告诉孩子用剪刀之前要先看大人的示范，学习怎么安全使用剪刀。

❷ 坐在桌子前，拿起一张小纸条，用剪刀把它剪开，放在空碗里。

❸ 让孩子重复你的动作。

❹ 下面列出了几种从易到难的剪法。

- 一下剪断（不需要沿着线条剪）
- 在两条斜线之间剪。
- 沿着斜线剪
- 沿着直线剪
- 沿着虚线剪
- 沿着曲线剪
- 剪出复杂的形状

拓展思路

找个纸箱，把剪下来的东西收集到一起，如杂志、羊毛、纸板、无纺布、塑料泡沫、橡皮泥等。

瑜伽—冥想

从自然界汲取灵感

❶ 这个练习需要坐下来，有四种不同的坐法：盘腿坐（两腿盘坐，两只脚在两腿下方）、脚掌相对弯腿坐、半莲花坐（一只脚在另一只脚上）、最考验柔韧性的莲花坐（两腿盘起，两只脚放在两只大腿上）。不要勉强，按照自己的柔韧性来选择坐姿，让自己处于平静放松的状态，想象你就是一座山。

❷ 有一个小人儿要爬你这座大山，一只手臂向上抬起作为山顶，另一只手臂的食指和中指模仿小人儿的两条腿，慢慢往上爬。

❸ 他一点一点往上爬，从肩膀爬到手臂，气息均匀，呼吸着新鲜空气。

4 他爬到山顶后，又开始往下走，用手继续模仿小人儿，沿着手臂往下爬，均匀地呼吸着新鲜空气。

5 换另一只手模仿小人儿，继续爬山、下山。

你和孩子一起练习，他一边看你做动作一边认真听你讲解，很快就能学会。

创意活动

　　日常生活中，我们的五种感官无时无刻不在接受信息，视觉和听觉几乎是不停地工作，味觉帮助我们品尝美食，嗅觉让我们分辨味道，触觉也是无所不在的，但是我们大部分时间都不会意识到它们的存在。你有没有停下来抚摸一件物体，真心感受它的质地？这正是孩子需要做的，让孩子用他们的手指，去触摸、去感受。除了市面上有幼童阅读的触摸书籍，你还可以在家里跟孩子玩触觉游戏。

✂ 触觉游戏

❶ 开始游戏前先收集一些"材料"，如乐高积木、砂纸、奶酪刀、塑料气泡膜、瓦楞纸、原木板、桌布、鞋底、网球拍、整板巧克力、漏勺等。

❷ 让孩子闭上眼睛，用手指触摸这些材料。

❸ 拿一张白纸盖在材料上，用彩笔或铅笔把材料的纹路拓印到白纸上，让孩子"看"他触摸过的材料的纹路，他一定会觉得很有趣。

❹ 把不同材料用不同的颜色拓印出来，把拓印后的白纸剪成花瓣形，然后把不同颜色、不同纹路的花瓣拼在一起，你就得到了一束好看的花。

从地板到天花板
看看你周围有什么样的材料，用一张纸和一支铅笔把它们拓印下来，地毯、壁纸、毛玻璃、水泥墙等都可以，你是不是没有想过自己身边有这么多缤纷的、充满触感的纹理？

蒙台梭利

准备一个盒子，找六种材质、大小相同的布料，每种两片，你可以用旧衣服或者其他家里用旧了要淘汰的纺织品，重点是要材质不同，如棉、亚麻、绒、毡子等。这个游戏可以帮助孩子探索更精细的触觉体验，在游戏中孩子还可以学习不同布料的名称。

🖐 布料游戏：探索更精细的触觉

❶ 准备一个盒子，把相同材质的两块布料分别放在盒子的两个角落，最后分成两堆，每堆六块布料，两堆布料分开放在盒子里。

❷ 盒子摆在桌子中央，打开。

❸ 蒙上眼睛，拿起布料用双手触摸布料的两面。

❹ 找到触感相同的两块布料，把它叠在一起，这时候你可以说："它俩是一样的。"当你拿到两块触感不同的布料时可以说："它俩是不一样的。"

❺ 六种布料都叠好后，再把布料重新分成两堆，放回盒子。

孩子弄错了也没关系，多给他点时间去触摸和感受，对孩子来说，结果不重要，过程才是最重要的。

❻ 让孩子按照你的做法玩一次。

❼ 你还可以往盒子里放新的布料，如天然纤维、合成材料、拼接布料等。

瑜伽

舞蹈式

❶ 背部挺直站立，挺胸，双脚平行站直。

❷ 深呼吸，右手举过头顶。

❸ 左腿向后弯曲。

❹ 左手抓住左脚，身体向前倾。

❺ 呼气，身体恢复原位。

❻ 举左手抬右腿，重复前面的动作。

❼ 每组动作重复三次。

1

2

3

4

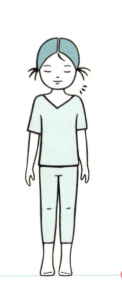

5

大自然的苏醒

平躺下来，身体放松，想象一下春天来了，白天越来越长，天气越来越好，大自然正在发生变化。

你决定去森林里散步。旱獭、刺猬、仓鼠都从漫长的冬眠中苏醒过来，它们小心翼翼地走出自己的小窝，警惕地跑来跑去，到处躲藏。不要打扰它们，它们太害羞了。你还可以欣赏森林中的植物渐渐苏醒，树枝上已经挂上嫩绿色的小芽，这些芽会慢慢长成树叶。仔细观察，你看到这些小芽尖里的颜色了吗？它们会开出五颜六色的花，把春天装点得更美。你越走越近，渐渐听到了蜜蜂"嗡嗡"的声音，它们已经开始采花蜜了。抬头看天空，迁徙的鸟儿从遥远而炎热的南方飞回自己的家。看，燕子、野鸭、天鹅、大雁都飞回来了。春天里你喜欢做什么？在公园或野外玩耍，还是跟朋友去森林散步？抑或是去野外骑车？春天真是个充满乐趣的季节！

给孩子读一段故事，让你们俩都放松下来。

57

创意活动

　　面团、橡皮泥、黏土、软陶，在家里建造一个"雕塑车间"，让每个人都乐在其中。揉面是一件非常愉快的事情，还能缓解一天的压力。制作雕塑的过程具有创造性，我们可以集中注意力，发挥想象力，安静地进行创作。然而，为了保持平和宁静的气氛，避免刚刚起步的小艺术家有挫败感，你需要在旁边帮助和鼓励他，给他一点小建议。

 ## 雕塑车间

首先选一种雕塑材料。

❶ 带孩子去一趟博物馆，找一件雕塑作品作为参考，也可以在书上或网上找一张雕塑作品的图片，寻求一些思路。

❷ 有时候做出来的东西跟想象的不尽相同，这说明雕塑创作并不是一件轻松的工作，你可以让孩子先捏出一个雏形，再添加一些装饰，效果会更好。

❸ 纽扣、牙签、弹珠、小核桃、珍珠、木条、小石子……不同的季节你可以到大自然里收集不同的物品，作为装饰。

❹ 大一点的孩子可以自己去收集饰物，你需要给他们一些建议，让他们找一些小东西，在雕塑上印一下，创造出浮雕的效果。

最后别忘了搞一个小展览，把每个人的作品都陈列出来，大家一定会感到又自豪又开心。

曼陀罗之心

小一点的孩子用彩笔把桃心涂成红色、粉色、紫色。

大一点的孩子用彩笔把同心圆涂上颜色，从外到内先是暖色调（红色、粉色、橙色、黄色），然后是冷色调（绿色、青色、蓝色、紫色）。

再大一点的孩子用红色和粉色两支彩笔，先留出桃心部分，把同心圆按照一圈红色、一圈粉色的顺序交替涂上颜色，然后把与红色圆环相交的桃心部分涂上粉色，与粉色圆环相交的桃心部分涂上红色。

蒙台梭利

这个游戏跟你想象的有些不同，我们并不关注各种颜色的名称，而是把注意力放在辨别色彩上。也就是说，我们要让孩子自己在头脑里建立一个比较和判断的标准，把两种相近的事物分辨开来。

 ## 色彩游戏：比较颜色

三个游戏需要的材料：

共同材料：
- *两个比色卡*

游戏 1 材料：
- *一个盒子里装 6 片色卡：2 片红色，2 片蓝色，2 片黄色*

游戏 2 材料：
- *一个盒子里装 11 对不同颜色的色卡*

游戏 3 材料：
- *一个盒子里分 8 个格子，分别放 8 种色卡：蓝、绿、紫、红、黄、棕、橙、粉，每种颜色有七片深浅不同的色卡。*

游戏 1:

❶ 坐在桌子前，把盒子中的色卡全部倒在桌子上打乱顺序。

❷ 每种颜色挑一个色卡，从上到下排好。

❸ 把相同颜色的色卡放在一起。

❹ 告诉孩子排列整齐的卡片很漂亮，然后把卡片打乱，让孩子按照刚才的做法玩一次。

游戏 2:

❶ 孩子渐渐适应玩色卡后，再来一场颜色狩猎游戏。

❷ 你挑一种颜色的卡片，让孩子找出相同颜色的。

❸ 开始可以只用几种简单的颜色，慢慢地可以把盒子里所有卡片都用上。

游戏 3:

❶ 在这个盒子里选一种颜色，然后取这个颜色中最深和最浅的两个色卡。

❷ 逐个把其他深浅不一的色卡插到中间，拿起一张对比的色卡，选择它的位置。

❸ 排好后把卡片重新打乱，让孩子按照你的做法玩一次。

❹ 你可以让孩子把所有色卡摆成环形放射状，像太阳一样，颜色要从浅到深，或者从深到浅。

日常生活中的实用游戏

平日生活中你也可以玩这样的游戏，如，画画的时候找相同颜色的画笔，吃东西时专门吃红色的食物，穿衣服都穿蓝色，等等。

瑜伽—冥想

从自然界汲取灵感

 ## 大象

1 双脚并拢站立。

2 模仿大象用鼻子在池塘里吸水喷水的动作，双手向前伸，一只手压在另一只手上，手掌重叠。

3 尽全力向前伸手臂。

4 慢慢起身，保持手臂位置不动，慢慢吸气，模仿大象吸水的声音，保持片刻。大象用鼻子从池塘里吸水。

5 手臂伸过头顶时，再慢慢弯腰，手臂伸向脚尖，慢慢呼气，模仿喷水的声音，保持片刻。大象用鼻子把水吐出来了。

6 按照自己的能力，每组动作做几次。

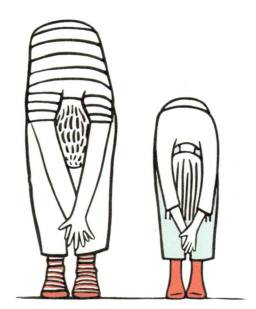

你和孩子一起练习，他一边看你做动作一边认真听你讲解，很快就能学会。

创意活动

　　尽管我们可能意识不到，我们的嗅觉无时无刻不在接收信息，通常我们习惯用眼睛观察，这反倒妨碍了我们享受气味。比如，花田里我们常常会第一时间被花朵的颜色吸引，然而当你闭上眼睛立刻会感到花香扑面而来。跟孩子一起把注意力放在鼻子上，一起呼吸，一起享受气味。你只需要准备一些简单的材料，然后闭上眼睛去感受。

✂ 神秘的香味：锻炼嗅觉

● 蒙上孩子的眼睛，让他们闻不同的物品。你需要根据孩子的年龄去选择物品，如咖啡对大孩子来说应该很好辨认，但对三岁左右的孩子，他可能并不知道咖啡是什么，但他能分辨出他用的沐浴露是草莓味的。

小窍门： 在闻过一种香味之后，可以闻一下咖啡，然后再闻另一种气味，这样两种气味不至于弄混。

❷ 从孩子最熟悉、最常见的味道开始，让他更快地投入游戏中。

❸ 一点一点提高难度，你可以逗逗他，找一种难闻的味道让他闻。你也可以把食物碾碎，这样散发出的味道更浓，更容易分辨。

❹ 可以泡几杯不同味道的茶，让大一点的孩子来尝试分辨是什么茶。

更多的味觉体验
牙膏、沐浴露、玫瑰花、草莓干、石榴、妈妈的香水、香草、薰衣草、薄荷、烤面包、咖啡、草莓酱、洋葱、辣椒、肉桂、百里香、迷迭香、橙子、大蒜、巧克力、香蕉、醋，等等。

蒙台梭利

孩子喜欢分拣东西，把相同的东西收集在一起可以满足孩子的秩序感，蒙台梭利教育法的一个原则就是延长孩子不同敏感期的长度。不论哪个阶段，学习和深入练习都会让孩子更加熟练地掌握某项技能，秩序敏感期就是孩子成长中至关重要的一段时期，孩子在这个阶段喜欢有秩序地安排时间和空间。分拣东西是秩序敏感期的第二阶段，它可以帮助孩子建立更细腻的感官。

分拣游戏：在秩序敏感期建立更细腻的感官

准备工作：

材料：
- *1 个托盘*　　● *1 个小篮子*　　● *4 个碗*　　● *四种不同的纽扣，每种六枚*

分拣游戏可以自由定规矩进行分类，如颜色、形状、大小、质地等。

为了让游戏更有乐趣，更好地训练触觉，你可以让孩子闭上眼睛。

❶ 把纽扣放在篮子里，4 只碗放在托盘上，摆在桌子中央。

❷ 拿起一枚纽扣，用手指触摸，然后把纽扣交给孩子，让他用同样的方法去触摸。

❸ 拿另一枚质地不同的纽扣，触摸，然后交给孩子，问他："这两颗扣子一样吗？"

❹ 把这两枚扣子放在不同的碗里，然后闭上眼睛。

❺ 从篮子里再拿起一枚扣子，一只手触摸扣子，另一只手在碗里触摸，确认两枚扣子是否一样。

❻ 让孩子观察你操作的整个过程，然后让孩子玩一次。

❼ 还可以分拣其他物品，如贝壳、积木、珠子等。

如果孩子分拣错了，注意不要立刻提醒他，他很快会自己发现问题。

瑜伽

战士式（一）

① 双脚平行站直，右脚向前迈步，弯曲，左脚向后蹬直。

② 双脚在一条直线上。

③ 双臂从前向上伸，双手举过头顶。

④ 保持几秒钟，缓慢呼吸，身体恢复原位。

⑤ 换个方向，重复动作。

⑥ 每组动作重复三次。

益处

这个动作可以促使胸腔运动，训练胯骨，增强大腿、膝盖、小腿的力量，拉伸颈部、肩部、胸部、腹部和胯部，同时锻炼肩膀、手臂和背部的肌肉，锻炼腿部的柔韧性和脚踝的力量。

🗨 小故事

夏 天

平躺下来，放轻松，这是一个美丽的夏天，你在花园或公园里欣赏植物，树木繁茂，花草丰沛。突然，天上一个惊雷，下雨了，你赶紧躲起来避雨，但是暴雨来得太快，噼里啪啦打在你的脸上和身上，空气一下子变得凉爽清新。

短暂的暴雨一会儿就过去了，一道阳光从天上射下来，你感觉夏天真的很神奇，花朵孕育出缤纷的果实，春天开得一片雪白的樱花，现在已经结出又红又甜的美丽樱桃，你向远方望去，那里有一大片红色虞美人，一望无垠，美极了。

午餐时间，你准备了食物在花园里野餐，蚂蚁排着队来搬运你掉在草地上的面包屑和三明治渣，蜜蜂则没时间管这些，它们正觊觎你的水果蛋糕呢！

你发现周围的小动物们都在围着你跳舞，松鼠跑来跑去捡松果，小鱼游来游去吃水草，夏天就像大自然里的动物一样，充满生机和活力。

给孩子读一段故事，让你们俩都放松下来。

创意活动

　　有谁不喜欢把毛茸茸的物体贴近脸颊，感受它带来的温暖和甜蜜？那么，我们就来做一个小手工，用简单的方法制作一件无与伦比的作品，我们制作的毛球不必拘泥于形式，可大可小，可以是单色的，也可以是五颜六色的，可以是单独一颗，也可以是好几颗串在一起，可以稀疏柔软，也可以密实可爱。原材料很简单：羊毛、剪刀和一点耐心，我们永远不知道能做出什么样的毛球，所以整个过程都充满惊喜。

做毛球：感受温暖和甜蜜

准备工作

材料：

- *硬纸板*　　　● *1 只剪刀*　　　● *不同颜色的羊毛线*

① 做一个毛球首先要用到圆形硬纸板，在 2 张一样大小的圆形硬纸板中间抠出一个小一点的圆形，形成一个重叠的圆环，用毛线在上面多缠几层。

② 把圆环四周的毛线剪开，用线从两张圆形纸片中间把之前绕好的羊毛线系紧，然后把纸板拿掉。

③ 用剪刀把毛球边缘修剪整齐，一个漂亮的毛球就做好了！

小一点的孩子也可以自己制作：

- 给孩子找一把小叉子，让他把毛线缠在叉子齿上，孩子肯定能做到。
- 用毛线从叉子齿的中间把之前缠好的毛线扎紧，取出叉子，这样就会得到一个蝴蝶结形状的线团。
- 用剪刀把蝴蝶结两头剪开，一个简单又美丽的毛球就做好了。

要做个大一点的毛球，可以用手指代替叉子，把毛线直接缠在手上。

大一点的孩子可以挑战一下：

让他们做彩色的毛球，如蓝、白、红三色毛球，或者中间黄外面白的毛球，他们会自己思考并找到办法。

画一棵花纹树

小一点的孩子可以这么玩： 用冷色调颜料给树涂上颜色，比如绿色、蓝色、紫色。不用管有花纹的圆圈，只需要涂没有花纹的圆圈，并尽量把相邻的两个圆圈涂成不同的颜色。

大一点的孩子可以这么玩： 用两种不同的颜色交替，给有花纹的圆圈的每一层涂色。

再大一点的孩子可以这么玩： 可以先给有花纹的圆圈涂不同的颜色，然后给没有花纹的圆圈也涂上一圈一圈的花纹。

蒙台梭利

孩子都喜欢玩配对游戏，这个游戏可以让孩子在触摸不同纹理的同时发展触觉。闭上眼睛，孩子可以区分不同的纹理，可以通过触摸把两个物体联系在一起，从而锻炼孩子适应环境的能力，提高注意力。

感受纹理：锻炼触觉，提高注意力

游戏准备

材料：
- *12 块尺寸相同的木板（可以拆一个小木盒）*

可选材料：
- *布料*   • *玻璃纸*
- *海绵（可以用海绵的正面，也可以用小刀削一片海绵的侧面）*
- *硬纸板*   • *泡沫纸*

❶ 在 6 对尺寸相同的木板上分别粘上六种不同的材料，如玻璃纸、布料、泡沫纸、海绵、瓦楞纸等。

❷ 把 12 块木板堆在一起。

❸ 拿起一块板，用手指从上到下触摸。

❹ 让孩子也这样触摸这块板，然后你再拿起一块板触摸，让孩子也摸一摸，问他："这两块板一样吗？"

❺ 闭上眼睛，通过触摸找到两块相同的板，让孩子也这样做。

❻ 如果孩子要睁开眼睛也没有关系，开始时孩子需要消除内心的疑惑，因为这个游戏对他来说有一定的难度，他需要确认。不要着急，让他自己慢慢适应，渐渐就会闭着眼睛完成游戏。重点不在于"赢"，而在于一点一点去训练，在没有压力、没有约束的情况下，孩子会对自己的进步感到非常高兴。

瑜伽—冥想

从自然界汲取灵感

 孔雀

❶ 上身直立坐下或者盘腿坐下，双手自然下垂。按照自己身体的柔韧性选择合适的坐姿：双腿交叉坐、双脚并拢盘坐、两腿一上一下盘坐、双脚盘在腿上莲花坐。通常柔韧性很好的人可以选择莲花坐。

❷ 模仿孔雀开屏的姿势，吸气，双手经身体两侧轻轻抬起，划一道圆弧，呼气，直到体内最后一丝气息吐出。

❸ 双手在头顶合十。

❹ 现在孔雀要合上羽毛了，双手经身体两侧轻轻放下，划一道圆弧，自然下垂。

❺ 保持内心平静，动作反复几次。

你和孩子一起练习，他一边看你做动作一边认真听你讲解，很快就能学会。

创意活动

　　"禅意的花园"让孩子在忙碌的一天后得到放松，在这个游戏的花园里，在石头和植物之间，孩子能够慢慢释放一天剩余的精力。孩子的创造力每一天都有所不同，反映的是他的内心，告诉孩子花园里的大石子是被大海和波浪围绕的小岛，让他们花点时间去体会和感受，也可以放点舒缓的音乐，让孩子的游戏时光更美好。

禅意的花园：释放精力

建造一座花园

材料：

- 1 个鞋盒
- 一些沙子
- 一些大小不同的鹅卵石
- 4 根火柴
- 1 根长钎子
- 硬纸板
- 白色胶水
- 胶带

　　在一个鞋盒里建造禅意的花园。

大一点的孩子肯定愿意把鞋盒涂上颜色或者糊上一层彩纸。

❶ 鞋盒里倒入沙子，厚度 1 厘米左右。

❷ 在沙子上放两三颗大小不同的石头，平时出门散步时就可以随手捡几颗石头，也可以放一块树皮、几片贝壳、小盆栽等。

❸ 每次最多放三个物体，留出足够的空间，方便孩子玩沙子。

小一点的孩子可以用叉子在沙子上画波浪。

　　选一只好看的叉子，孩子一定很喜欢。

> **注意**
> 不可以直接在海滩上取沙子和装饰物来建造你的花园，你要去别的地方看看，如宠物店、五金店等，动脑筋寻找适合做沙子和装饰物的材料。

大一点的孩子可以自己制作画沙子的小笆子：

❶ 把硬纸板剪成 4 厘米 ×1.5 厘米的长方形。

❷ 把火柴头剪掉，火柴杆沿长方形纸板边排列好。

❸ 再拿一块长方形纸板，两块纸板把火柴棒夹住，用胶带粘住。

❹ 用钎子在纸板的另一边的缝隙间穿过，成为笆子的手柄。

蒙台梭利

神秘袋可以练习孩子的立体感，触摸物体的形状，从而重新认识这个物体。

感官负责获取外部世界的形象，在这个过程中我们需要手、
感官和智慧的完美配合。
——玛利亚·蒙台梭利

神秘袋

1. 准备一个布袋，一些孩子知道名字的物品。把这些物品一个一个放进布袋，同时让孩子确认他是否都知道这些物品。

2. 两只手放进布袋里，拿起一个物品，触摸它，说出它的名字，然后把它拿出布袋。

3. 让孩子也这样做，如果他摸不出是什么物品，可以让他换一件物品再试试。

4. 你可以换换花样，给这个游戏规定一些主题，如厨房主题、浴室主题、森林主题等。

5. 你还可以准备两个布袋，里面放上两套物品，在一个布袋里找出一个，然后去另一个布袋找相同的，如勺子、石子、核桃、晾衣夹、小皮球等。

6. 两个人一起玩的时候可以交替进行。把双手放进布袋，拿出一颗鹅卵石，然后说出它的名字，另一个人要在另一个包里找出鹅卵石。然后换另一人先拿出物品。

7. 注意要选择安全的物品，不要放容易划伤孩子或者容易洒落的物品。

瑜伽

战士式（二）

1. 双腿直立，右腿向前迈步，膝盖前屈，左腿伸直。

❷ 两只脚在一条直线上。

❸ 左臂向前伸，右臂向后伸。

❹ 保持姿势，均匀呼吸，然后身体慢慢恢复原位。

❺ 换相反动作。

❻ 每组动作做三次。

益处

　　这个扩胸动作可以锻炼胸部，加强臀部、大腿、膝盖、小腿的肌肉力量，让胸部、肩部、颈部、腰部和胯部得到拉伸。同时，这个姿势也增强了肩膀、手臂和背部肌肉的力量，让腿部和脚踝更结实。

海滩

平躺下来，放松，你听到远处传来海浪声，它不断拍打着沙滩。孩子们跳进海水，也有些孩子在沙滩上玩耍，太阳暖暖的。没错，你现在正身处一片海滩。

你在沙滩上堆了一座沙堡，沙堡不但有围墙、地牢、中央高塔，还有一条护城河围绕沙堡流淌。现在你仰面躺下，胳膊和腿在沙滩上来回滑动，画出了一个大大的"天使"。你轻轻站起来，在潮湿的沙滩上踩下一排脚印。你找到了爸爸妈妈踩过的脚印，试着踩上去，沿着他们的足迹朝前走。

你边走边捡贝壳，你在海边用小桶和一只捕鱼网捞小鱼和螃蟹。

你想要探险，所以搬开石头观察藏在下面的小动物，当心，不要打扰了它们，把石头放回去。你跑到岩石上去观察水藻，当心，附着水藻的石头很滑，而且有些水藻是很危险的。

现在，你穿上潜水服和面罩下海去潜水，观察海底的鱼类、珊瑚和各种千奇百怪的动物。

海边的一天结束了，听着大海的声音，你进入了沉沉的梦乡。

给孩子读一段故事，让你们俩都放松下来。

创意活动

大自然有很多形状和颜色，只有愿意睁开眼睛欣赏的人才能看到，孩子可以用大自然的珍宝创造出无与伦比的作品。你们去散步的时候，大自然的馈赠信手拈来：树叶、树皮、石头、贝壳、苔藓、树枝、花朵等，只要发挥一点想象力，把这些元素结合到一起，就可以制作出一件艺术品。

✂ 大地的艺术

"大地的艺术"让散步变成了寻宝游戏，跟孩子一同出门，去寻找创作的元素。小一点的孩子喜欢一路走一路捡，装满自己的口袋或篮子，而大一点的孩子会用心挑选，选择他们喜欢的、别致的形状和颜色。

即使你住在城市里，也可以找到"大地的艺术"，注意不要破坏公共场所的花草，到城市的小角落去寻找，一定会有很多收获！

找个托盘把找来的所有物品都放在里面，以免把桌子弄得太乱，让孩子自由发挥想象力，利用大地给予的财富，创作出一幅艺术品。

如果**孩子太小**不能自己创作，你可以给他设定一个主题，如小人、房子、桃心形等。

大一点的孩子可以尽情去创造和挑战，来个风景画或者自画像都可以。

每个季节的独特瑰宝
春天，鸟儿的羽毛会从天上飘落到地面。
夏天，树上长满了树叶和果实。另外，海滩上的贝壳也可以用来作画。
秋天，树叶变成五颜六色的，到处是苔藓、树枝，还有蜗牛留下的空壳。
冬天，大地露出各种各样的石头，你可以轻易找到鹅卵石、树枝、松塔等。

 # 我爱如此温柔的驴子

这是诗人弗朗西斯·雅姆的一首诗，花时间给孩子读一读，然后让他根据这首诗画一幅画。

我爱如此温柔的驴子，

它沿冬青树前行，

时刻提防蜜蜂，

耳朵不停摇动……

它迈着碎步快速前行，

不当心掉进泥坑……

它总是若有所思，

眼神动人……

然而它住在驴棚，

劳累又可怜，

最劳累的

是它那两双蹄，

它尽职劳作，

从清晨到黄昏……

它任劳任怨，

让我内心动容……

我爱如此温柔的驴子，

它沿冬青树前行。

蒙台梭利

蒙台梭利教育法注重感官对事物的感觉，其中当然也包括嗅觉。

感觉是感官系统对外部形象的知觉，要靠智慧来建立。

——玛利亚·蒙台梭利

 ## 感受气味

准备游戏

材料：

- *8 个不透明的圆柱形罐子（或者 8 个透明瓶子），用白纸盖住*
- *20 片红色和蓝色胶贴*
- *各种不同的植物香料、调味料等*

❶ 在其中 4 个罐子上贴上蓝色胶贴，另外 4 个贴上红色胶贴。

❷ 在 4 个贴了蓝色胶贴的罐子中放入不同的物品，如咖啡、百里香、薄荷叶、香草等，另外 4 个贴了红色胶贴的罐子中也放入同样的物品。

❸ 跟孩子说你要给他介绍一样东西，坐在桌子前，如果你是右撇子，让孩子坐在你左边，如果你是左撇子，让孩子坐在你右边。

❹ 拿起贴了蓝色胶贴的第一个罐子，闻一闻，然后让孩子闻一闻。

❺ 拿起贴了红色胶贴的一个罐子，闻一闻，然后让孩子闻一闻。

❻ 问他这两个罐子的味道一样不一样，他可能会回答："不一样。"

❼ 让他在其余几个罐子里找到味道一样的那一个，然后两个罐子放在一起。

❽ 让孩子找出其他味道一样的罐子。

❾ 试试闭上眼睛重复上面的过程，让孩子也闭上眼睛专心地闻一闻。

补充知识

一开始，孩子为了确认自己的判断，常会睁开眼睛，没关系，不要批评或者制止他，让他在尝试中不断学习，当他有足够的自信时，会主动闭上眼睛。

瑜伽—冥想

从自然界汲取灵感

 蛇

❶ 双膝跪在地板上，坐下。

❷ 双臂举过头顶，手掌合十。

❸ 身体前倾，脸部贴近膝盖，双臂向前伸。

❹ 舌头顶住上牙膛和牙齿，模仿蛇发出咝咝声，头慢慢向上抬，身体慢慢直起，吸气，让气息从舌头、上牙膛和牙齿之间穿过。

❺ 手臂垂直后，身体再慢慢向前向下弯曲，呼气，模仿蛇在做自我保护动作，发出咝咝的声音。

❻ 每组动作重复几次。

你和孩子一起练习，他一边看你做动作一边认真听你讲解，很快就能学会。

创意活动

　　法国著名剧作家尼古拉斯·尚福尔说："没有欢笑的一天是最浪费生命的一天。"欢笑可以治愈一切外界环境的不幸，小挫折和小痛苦在欢笑面前都会烟消云散。笑可以缓解压力，帮情绪恢复平静，所以我们每天都要笑，还要让孩子也开心地笑起来。找个安静的环境，跟孩子玩一个模仿游戏，让孩子放声大笑。

 ## 放声大笑：缓解压力

　　最简单的玩法就是一个人模仿，另一个人猜模仿的是什么东西，这么做很简单，但有时候显得缺少创意和想法，略显无聊，而如果你提前有所准备，游戏会变得主题丰富、流畅有趣。

　　你模仿的第一个事物往往决定了整个主题，所以要精心选择。

❶ 在玩之前，找一些纸片，写上你们要模仿的事物。

❷ 你和孩子轮流翻开纸片，模仿上面写的事物，如果孩子不会认字，可以把某样东西画在纸片上，或者打印出其照片。

小一点的孩子可以这么玩：猜职业，如面包师、消防员、理发师；猜运动项目，如足球、舞蹈、网球；猜日常生活中的活动如：刷牙、读书、骑自行车。

大一点的孩子可以这么玩：因为太小的孩子还不能准确模仿动物的叫声，有可能让游戏无法进行下去，而随着年龄的增加，孩子可以慢慢学习动物的叫声和模样。注意要选择常见的动物，不要选一些很难模仿或者不常见的动物而造成游戏障碍。

再大一点的孩子这么玩：模仿一些著名人物或事件，加大游戏难度。

模仿家庭成员

找出家里每个成员的照片扣在桌子上，孩子翻到一张就模仿一个人，当孩子模仿出这个人的行为、动作、讲话语气后，大家都会猜出是谁，并且能引起一阵大笑，非常有趣。别忘了加上你家宠物狗狗或者小金鱼的照片。

蒙台梭利

如果味道只分成简单的四种，那么能够练习味觉的最佳地点就是餐厅。

——玛利亚·蒙台梭利

感受味道

准备游戏

材料：

- 1 只盘子
- 4 对瓶子
- 十几片红色和蓝色的胶贴
- 2 个杯子
- 1 瓶水
- 糖
- 盐
- 白醋
- 葡萄籽提取液（苦味，也可用苦瓜）

❶ 在盘子上放 4 对形状不同的瓶子，用 4 片红色胶贴和 4 片蓝色胶贴分别标记好。

2 分别标注四种不同的口味，如咸水（盐＋水），甜水（糖＋水），苦水（葡萄籽提取液＋水），酸水（白醋＋水）

3 坐在桌子前，盘子放在桌子正中间，开始向孩子介绍这个游戏。

4 把两个杯子放在桌子上，给杯子倒满水。拿起其中一组瓶子，如拿贴了蓝色胶贴的一组。

5 在这一组中取出一个瓶子，滴几滴在你的手上，然后用舌头舔一舔，尝一尝。

6 滴几滴在孩子的手心，让他也用舌头舔一舔、尝一尝。

7 喝一口清水漱漱口。

8 再拿起一个瓶子，尝尝味道，问孩子这两种味道一样不一样，孩子可能会回答："不一样。"

9 让孩子找出两组瓶子中味道一样的配成对。

10 在孩子品尝的过程中不要加以评论，等他品尝完毕，让他说出这瓶水的味道。

瑜伽

幻椅式

1 双腿直立，双脚并拢，背部挺直，双臂向前平行伸直，吸气。

2 膝盖弯曲，呼气，感觉像是坐在椅子上，保持姿势静止几秒钟。

3 恢复到起始动作，吸气。

4 每组动作重复三次。

益处

这个动作有利于增强背部、大腿和小腿的力量。

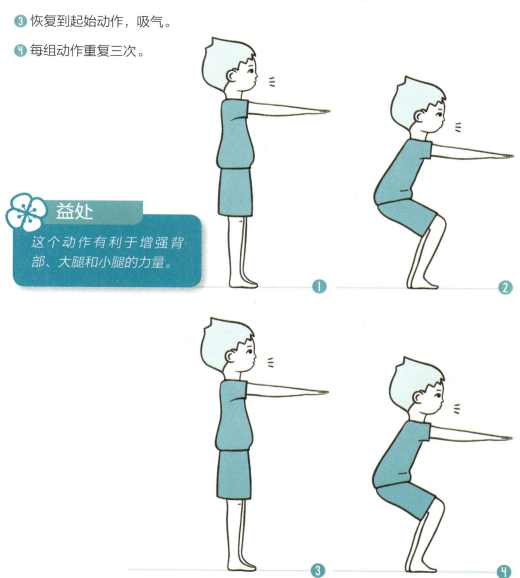

船

平躺下来，放轻松，你去海边度假，现在你漫步在一座海港城市，看到岸边停靠着各个时代的船只，从大邮轮到小帆船应有尽有。你观察船上的帆、绳索、甲板，还有甲板上的渔夫。

河流横跨城市，你决定游览一下这座城市，所以你上了一条船，很幸运，船长邀请你到他的驾驶舱参观，还给你戴上了他的船长帽，让你亲手驾驶这艘船。你开着船穿过了城市，然后缓缓开向了远方的大海。

船长重新掌舵，朝着一座小岛径直开去，船速越来越快，在大海中乘风破浪。

你正望着一望无垠的大海，突然一群飞鱼和海豚从海面跳跃而出，它们那么漂亮。船停靠在一个沙滩小岛，岛上有一座灯塔，为附近的渔夫指引着方向，船缓缓靠岸，你走下船，爬上灯塔顶，大海一望无垠。看到这样的景象，你暗下决心将来也要成为一名船长，乘风破浪，游历四方。

给孩子读一段故事，让你们俩都放松下来。

创意活动

　　孩子平时都喜欢随意涂鸦，无心之作往往诠释的都是生活的美好，可以给我们带来无限惊喜。如果把想法和绘画结合起来，还能创造出惊人的效果。随意涂鸦可以让孩子获得宁静的时光，保持注意力集中。比如某一天，孩子白天耗费了太多精力，想要休息一会儿，这个时候可以让他坐下来随意涂鸦，他可以回忆自己白天看到的有意义的事物，也可以发挥想象力，无论如何他可以开始创作了。

 随意画

　　随意涂鸦有不同的技巧，但都有一个要求：颜料是液体的，这样更容易流动起来。

❶ 先用画笔，再用手指，把一张纸从中间对折，让孩子在其中一半画几个色块。

❷ 孩子可以用手指沿着色块随便涂抹，但要给他规定色块的大小和涂料的用量，可以先把颜料滴得厚一点，然后慢慢在纸上涂抹开。

❸ 把对折的两半纸合起来，压一下，小小艺术家也可以在压的时候发挥想象压出不同的造型，比如，用五个指尖压，然后沿着某个方向滑动，不论怎么做，出来的效果都是惊人的。

 窍门

还有一个方法是将一段绳子浸入颜料中，再把它放在一张纸上，将纸对折，然后把绳子从不同的方向拽出来。当然，不同的颜色要用不同的绳子蘸取，绳子的粗细不同，染出的效果也不一样。

　　如果你有几个孩子，让他们每个人解释一下这幅画的意思，然后你再根据他们的说法展开想象。

 花纹树

跟孩子一起出去看看外面的天气，让他给下面的天气图案添上颜色。

帮助**小一点的孩子**选择颜色：黄色和橙色的太阳、深蓝色的雨滴、浅蓝色的雪花、灰色的云、黑色的风。

颜色选好后，让**大一点的孩子**给图形涂满颜色。

蒙台梭利

前面练习了视觉、触觉、嗅觉和味觉，还有听觉没有得到练习，这个游戏可以锻炼孩子的听觉能力。

 ## 感受声音

准备活动

材料：

- *12 个圆柱形容器（如酸奶瓶）*
- *2 种不同颜色的胶贴*
- *大米、面、沙子、玉米面、绿豆等*
- *2 个盒子*
- *几颗鹅卵石*

❶ 把圆柱形容器分成两组，分别贴上两种颜色的胶贴，上面写上它所装物体的名称。

❷ 把同一种物体装入标签名称一样的两个容器中，晃动的时候声音听起来相同。把两组容器分别装入两个不同的盒子。

❸ 在跟孩子玩游戏之前，要先找出哪个容器摇晃时发出的声音最大，哪个最小。

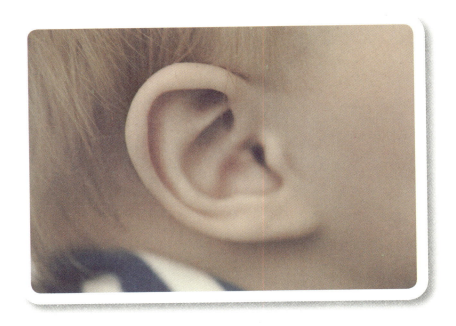

④ 坐在桌子前，把两个盒子放在面前，打开其中一个盒子，拿出那个声音最大的。

⑤ 贴近耳朵摇动容器，然后放到孩子耳朵后面摇动，让他听听声音。

⑥ 拿出那个声音最小的容器，贴近耳朵摇动，然后放到孩子耳朵后面摇动，让他听听声音。

⑦ 问他："这两个声音是不是一样的？"

⑧ 晃动剩下的容器，一个一个认真听。

⑨ 打开另一个盒子，找出声音相同的两个容器。

⑩ 一一配对以后，再摇晃容器重新确认配对是否正确，然后把容器混在一起，让孩子试试。

⑪ 等孩子可以成功找出相同的声音后，你可以让他按照声音大小给容器排队，先从大到小排列，再从小到大排列。

拉开距离

你还可以把一个盒子放在桌子上，另一个盒子放在其他桌面上，让孩子听第一张桌子上一个容器的声音，然后到第二张桌子上找跟它声音相同的容器，慢慢锻炼孩子的听力。

瑜伽—冥想

从自然界汲取灵感

 蝴蝶和花蜜

① 你要模仿蝴蝶采蜜时的动作，坐在地板上，背部挺直，双腿自然伸直。

② 膝盖弯曲，双脚合十，双手抓住脚趾。

③ 你变成一只蝴蝶，胸部向前倾，尽量贴近双脚，如果柔韧度不好也不要强求，尽力而为。

④ 慢慢抬头，慢慢吸气，背部向上直起。

❺ 背部直起后，慢慢呼气，模仿蝴蝶吐蜜。

❻ 在安静的环境下，以上动作重复几次。

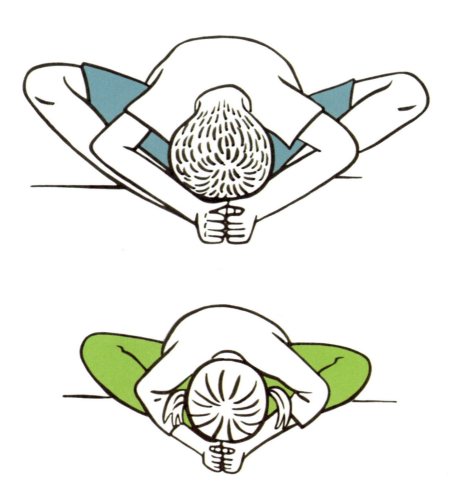

你和孩子一起练习，他一边看你做动作一边认真听你讲解，很快就能学会。

创意活动

　　我们之前学习过"禅意的花园"，沙滩上海浪的声音有助于缓解压力，让人放松下来进行冥想。今天，如果你给孩子一张纸、一支笔，再放点轻松的音乐，会有什么效果呢？让孩子们闭上眼睛，轻轻呼吸，用笔在纸上随意画一些线条，不要拘泥于绘画本身，要轻松闲适，自由地画。画得差不多的时候，你可以关掉音乐，让孩子睁开眼睛，欣赏一下他们的作品。

✂ 闭上眼自由涂鸦

　　首先要闭上眼睛，确保孩子安静下来，处于非常舒适的状态。

　　别怕浪费纸，如果你觉得孩子状态不好，不要着急，休整一下再重新开始。

　　一旦孩子睁开眼睛，就错过了最安静的创作时机，所以要尽量引导孩子勇敢地画，让图形和线条更丰富。

注意！

闭着眼睛搞创作的时候，要注意别画到桌子上！可以在桌子上垫一块塑料板，即使孩子不小心画出来也不至于损坏家具。

小一点的孩子可以这么玩：让他们在线条相交的区域里涂色，提醒他们经常换颜色，两个相邻的区域颜色不要重复。还可以用不同的形状给每个区域涂色，如桃心形、圆形、十字架形、星形、条纹等。孩子年龄越大越能想出各种不同的图形。

大一点的孩子可以这么玩：让他们发挥想象力，在涂鸦的基础上添加一些元素，如眼睛、嘴巴、车轮、树叶的脉络等，他们会在自己涂鸦的画里发现更多的新奇元素。

蒙台梭利

孩子观察自然界的昆虫是一件非常美好的事，可以了解昆虫如何生活，吃什么，怎么繁衍后代，孩子会渐渐对大自然产生更多的理解和尊重。观察昆虫能帮助孩子保持与大自然的联系，同时还可以培养他们的环保意识。

教育应当鼓励人类前进，像探险家一样前进。孩子应该出去散散步，观察自然界吸引他们的东西，这才是教育对孩子的启迪，让他们了解不同的颜色，树叶的形状，让他们观察昆虫、动物、小鸟。

——玛利亚·蒙台梭利

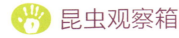 昆虫观察箱

你要制作一个昆虫观察玻璃箱，然后在城市里找一些小昆虫放进去，如欧洲有一种臭大姐，大多群居，生活和繁殖周期非常容易观察，它们的学名叫红蝽。

制作昆虫观察箱

材料：

- 1 个不小于 30 厘米 × 30 厘米的箱子
- 植物和小树枝
- 鹅卵石
- 一些水
- 小虫子（如红蝽）

1 将一些红蝽放进昆虫观察箱，别忘了给箱子盖个有透气口的盖子，或者箱子上绑一块纱布，要绑紧一点，防止虫子逃出来跑得满屋都是。

2 在箱子底铺上植物、小树枝、鹅卵石，红蝽喜欢藏在这些物体下面。

3 倒进一点水。

4 红蝽什么都能吃，但它们最喜欢吃葡萄，也可以给它们喂死苍蝇、新鲜的水果和蔬菜、坚果等。

5 除此之外它们不需要其他特殊照顾，不过，冬天里红蝽要冬眠。它们的繁殖周期很容易观察，当你看到它们两只两只粘在一起，好几个小时甚至好几天不分开时，那是它们在交配。

6 通过观察稍有了解后，你可以找一些关于昆虫的书籍，让孩子了解更多关于大自然和小动物的知识。

拓展思路

如果洗菜的时候从里面找到一只毛毛虫，你可以做一个农场，把它养起来，观察毛毛虫变成蝴蝶的过程，感受大自然的神奇。

瑜伽

 猫式和牛式

猫式

① 双腿并拢膝盖弯曲，坐在脚后跟上，然后用四肢撑地。

② 拱起背，目光望向肚脐方向，呼气。

牛式

③ 身体恢复四肢撑地姿势。

④ 背部向下弯曲，肚子放松，目光望向上方，吸气。

⑤ 两个姿势成一组，每组做三遍。

益处

这个姿势有助于放松背部和颈部，同时活动脖子、胳膊、肩膀、眼睛，帮助消化系统工作。

小故事

雨

平躺下来放轻松，想象一下你在一间屋子里，你打开窗户，闭上眼睛静静听，你听到雨水落下来的声音，雨滴落在树叶上，落在花园里，落在屋檐上，落在庭院外的汽车上，你闻到了青草潮湿的味道。天空中划过一道闪电，远处传来隆隆的雷声，你按捺不住要到花园里玩耍。

你穿上雨衣、雨鞋，迫不及待地冲出大门，两步并作一步地跳下台阶，来到花园里。雨下得越来越密，你更开心了，放肆地玩耍。你在一个大水坑里跳来跳去，突然发现水坑边有个小东西，是一只青蛙！它"呱呱"叫了两声，跳走了，你追着它来到花园的另一头，又在那里发现了蜗牛，它完全不怕被雨淋湿，因为背上就是遮风挡雨的家。

花园里到处都是积水，你想到了一个好主意，找来一把雨伞、一些纸。你撑着雨伞，把纸折成小船，小船放到水里，顺着水流漂动，越漂越快，在水坑里旋转，最后掉进了下水道的漩涡里。没关系，你可以再做一条。你开心地在雨里又唱又跳。

突然一阵风吹来，又停了，你低头一看，衣服被淋得湿漉漉的，好吧，那就脱下雨衣，合上雨伞，在雨里尽情唱歌跳舞吧！被雨淋湿原来这么有趣啊！

给孩子读一段故事，让你们俩都放松下来。

抓捏治疗，这个词听起来有些野蛮，但它包含了一个简单而有力的现象，就是用抓捏的方法来"治愈"某个问题。但治疗的到底是什么问题呢？是压力。通过抓和捏，压力的消极作用会逐渐消散，心跳会慢慢恢复平静，精神逐渐放空。抓捏治疗不但对大人有效，对孩子也非常有益，给孩子玩减压球，不仅能让孩子渐渐爱上这个玩具，而且能让他们花上几个小时专注地玩，简直事半功倍。

 ## 减压球

材料：

- 1 只剪刀
- 2 个颜色不同的气球（颜色尽量鲜亮）
- 一些大米、麦片、面粉
- 1 张纸

 减压球的更多玩法
孩子会不会想要收集更多的减压球？好的，用这些球玩个杂耍小游戏吧！

❶ 用纸制作一个锥形漏斗，漏斗的尖部可以伸进气球口。

❷ 让孩子把米或者面通过漏斗倒进气球里，直到气球被装满。

❸ 把气球扎紧，剪掉气球口的小头，让整个球变得更圆润，一个圆滚滚的球就做好了。

❹ 把第二个球吹气口的部位剪掉，形成一个小"橡胶口袋"，再把装满米的第一个球放进去，扎口部分藏在里面，完成！

更有创意的玩法是把不同颜色的气球剪成长长的胶皮条，然后一条叠一条地编织在一起，做成彩色减压球，或者让孩子用马克笔在气球上画一个鬼脸、一只小动物，让减压球变得更可爱。

小一点的孩子可以这么玩： 给这幅画涂颜色，然后在自己的手上随意涂颜色。

大一点的孩子可以这么玩： 在自己的手上画出这幅画。

再大一点的孩子可以这么玩： 像某些国家的妇女在手和指甲上画图案一样，孩子可以自己设计一些线条和花纹画在手上。

蒙台梭利

　　成年人有责任让孩子学习尊重和爱护大自然，让孩子了解更多动植物的知识，了解如何保护大自然，了解人类在维持自然平衡中的作用。下面我们做一个保护大自然的小游戏。

> 我们的社会，孩子生活在远离大自然的城市里，他们少有机会
> 与自然亲密接触，无法直接体会大自然的美好。
> ——玛利亚·蒙台梭利

爱护大自然

清理垃圾

　　孩子已经察觉到城市或者田野里散落着一些垃圾，花点时间跟孩子解释什么是环境污染，如何处理环境污染，问问孩子对这件事的看法，跟他聊聊解决办法。不要打击孩子的积极性，要指导孩子在适当的条件下进行环保活动，比如，建议他们散步时花一个小时清理大自然中散落的垃圾。要提前给孩子准备好橡胶手套和垃圾袋。

垃圾分类

如果你家的垃圾还没有分类，那就赶紧行动吧！孩子都喜欢分类游戏，而且垃圾分类还有更重要的意义：保护地球。通过分类游戏，孩子慢慢能够区分不同类别的垃圾，然后主动把它们分拣开，用实际行动做一位环保小卫士。

减少垃圾

跟孩子一起找出减少家庭垃圾总量的办法，改变家庭消费习惯。有些纸质的商品可以二次利用，用来画画或者做剪纸；用回收品做手工；回收废纸二次造纸；选择包装简单的商品；制作家庭堆肥池……这些孩子肯定会很喜欢，开动脑筋再想出更多好点子吧！

瑜伽一冥想

怎么做？"印"是手指和手部的动作，你可以在任何时间、任何场所进行练习，盘腿坐和莲花坐是练习"印"最好的选择。练习的时间可长可短，可根据孩子的年龄自由选择。年龄大的孩子可以练习十分钟到半小时，年龄小的孩子练习十分钟即可，注意练习过程中用鼻子均匀呼吸。给孩子穿宽松的衣服，手指在练习中始终保持放松，动作熟练后你们可以闭上眼睛练习，也可以目光直视前方。通过这一系列"印"的练习，你会惊讶地发现，在一段时间内，我们的健康呈现逐步改善的状态。

冥想坐姿——莲花坐和盘腿坐

莲花坐的意思是像莲花一样的坐姿。

❶ 双腿伸直放松。

❷ 右腿弯曲，右脚放在左腿大腿内侧，脚跟尽量贴近身体。

❸ 左腿弯曲，左脚放在右腿大腿内侧。

❹ 动作要舒缓，注意两只脚要同时放在大腿内侧（两脚放在小腿内侧的动作称为半莲花坐）。

盘腿坐的意思是幸福的坐姿。

这个姿势只需要两腿弯曲交叉坐即可。

莲花坐   盘腿坐

指导意见： 用本书中描述的坐姿练习"印"的动作，放一点舒缓的音乐，把注意力集中到呼吸上，这是冥想最理想的状态。

创意活动

音乐可以让你平静下来，听音乐的益处不胜枚举！我们可以和孩子一起听一段舒缓的古典音乐，无须纠结于哪个音乐家、哪首曲子，简单享受音乐带来的美好时光即可，或者如果你没有唱片，可以打开收音机，调到古典音乐频道，然后闭上眼睛，轻轻跟着哼。

 ## 音乐大师

古典音乐之所以丰富多彩，得益于多种多样的演奏乐器。

同一段乐曲，每一次听都会有不同的发现。

- 如果你喜欢音乐背后的故事，可以给孩子讲一讲，引导他进入情境，帮助孩子理解乐曲的内涵。比如，你可以讲讲柴可夫斯基的胡桃夹子，或者圣桑的动物狂欢节。

- 如果你能找到一段管弦乐队的演奏视频，可以先带孩子听，再带他看视频，每个乐器出现时对应一种声音，你会有更多全新的发现。

找一段孩子以前听过的乐曲的视频片段，先听一遍，然后再看一遍视频，当一种乐器开始演奏时，就会出现它的画面，你们还可以一起发现之前没有听出来的乐器。

小一点的孩子可以这么玩： 给孩子听一段单一乐器演奏的音乐，让他们辨别不同乐器的不同音色，告诉他们短笛、萨克斯、小提琴、钢琴的音色都是什么样的。

大一点的孩子可以这么玩： 给孩子听一段由几种乐器共同演奏的音乐，让他们辨别不同的乐器声音。选取的段落不宜太长，可以让孩子反复听。

蒙台梭利

在蒙台梭利教育法中，我们一直遵循从具体到抽象的学习过程。孩子们需要触摸、观看、感受真实的世界，然后把这些活动同他们的发现联系起来。孩子的成长来自对周围世界的感知，因此我们要给他们提供更多机会去发现自然、观察和理解事物，从而尊重大自然。

没有任何一本书或者一张图像能够完美描述作为一棵森林里的树到底是什么感受，它周围到底有什么东西。

——玛利亚·蒙台梭利

观察种子

❶ 孩子们都是科学家，他们观察、试验、犯错误、寻找各种解决方案，最后获得成功。对他们来说再有趣不过的一件事，就是观察植物的生命周期！

❷ 找来一颗青豆，观察它的颜色、大小、形状，把豆子剥开观察种子内部，可以让孩子把看到的画下来。

❸ 再拿一颗青豆，种进泥土里，然后静待其变。

❹ 跟孩子一起观察种子的发芽、成长、成熟、结出新的豆子一直到植物枯萎。让孩子把这些阶段都画下来。

❺ 青豆的生命周期大概是一年，孩子可以把收获的新种子重新种到土里。

❻ 如果你们把种子种在几个不同的罐子里的话，可以观察下面几种变化：
- 经常浇水 — 不怎么浇水
- 经常晒太阳 — 不怎么晒太阳
- 种在土壤里 — 种在棉花里

❼ 把你们观察到的不同记在本子上，也可以画下来，让孩子自己得出结论，鼓励孩子观察和思考，不要告诉他答案，让他自己获得经验。

瑜伽

狗式

❶ 双手双膝着地。

❷ 四肢支撑，臀部翘起，呼吸。

❸ 四肢保持伸直紧绷的状态。

❹ 抬起一只脚，腿部在空中伸直，保持静止。

❺ 换腿，这组动作重复三次。

提示： 可以让孩子模仿小狗的叫声。

🗨 小故事

云

平躺下来，放轻松，你现在躺在海边的沙滩上，或者公园的草坪上，仰望天空，你在观察空中的云，你发现云在飘动，它们有各种各样有趣的形状，有些像奇形怪状的动物，有些像故事里的人物，有时候你发现它们像你熟悉的事物或者人。

你想离云更近一点仔细观察一下，你心想，什么东西像云一样，但是我们又能摸得到尝得到呢？我们能不能在云上走呢？带着这些问题，你闭上眼睛，感觉自己慢慢向上飘，最后飞了起来，不一会儿你就碰到了云，它摸起来软软的、轻轻的，你把它团成一团扔来扔去，云团打在身上不会像雪球那么疼。

你在云上走来走去，又蹦又跳，你在云里穿梭，就像在肥皂泡沫里一样。你躺下来，心想云是什么味道的呢？你索性抓起一把云尝了尝，味道像雪一样清新又冰凉，但口感更柔软。原来云和雪这么像，难道云也是水做的？

突然，你坐的那一片云开始振动，轰隆隆作响，白色的云渐渐变成了灰色，旁边的另一片云也变成了灰色，并且向你的方向飘来，两片云眼看就要碰到一起了，突然一道亮光、一声巨响。

该回家了，乌云翻滚，要下雨了，你没有躺在天上的云里，而是在公园的草坪上呢！

给孩子读一段故事，让你们俩都放松下来。

创意活动

　　书法是一种写字的艺术，需要经常练习，它能让孩子集中注意力，放松身心。
当然，你必须懂得怎么写，我们今天就来学习一下不同年龄的孩子怎么练书法，
如握笔的手势、书写的姿势、线条的勾画等。实际上年龄小的孩子也可以完成
并喜欢上书法。

✂ 练习漂亮的字迹

　　通常来说，好看的书法可以让一篇文本变得更加生动有趣，帮孩子选一句话、一句
谚语，或者一首诗，用钢笔、油画笔、毛笔，或者羽毛笔蘸上墨水。

大一点的孩子可以这么玩：在网上搜索一段"楷书"字帖，让他们用漂亮的信纸抄写这段文字。

小一点的孩子可以这么玩：把主要的精力放在笔画上，试着把每一个笔画或偏旁部首画成一幅画。

再小一点的孩子可以这么玩：在有字的盘子上撒上一层白糖，让孩子用手指在白糖粉上描红。

你还可以给他们做一个非常简单的魔术袋，把颜料倒进有密封拉链的保鲜袋中，封好密封条，用透明胶把保鲜袋粘在桌面上，孩子可以用手指在上面随意地写和画。

 雪花

看雪花一片一片飘落，给雪花涂上颜色。

小一点的孩子可以这么玩： 用冷色调给雪花涂色，如蓝色、灰色、紫色、绿色。

大一点的孩子可以这么玩： 试着只用两种颜色给雪花涂色。

再大一点的孩子可以这么玩： 根据自己的想象创造出独一无二的雪花形状。

蒙台梭利

　　为了更好地了解周围的世界，孩子需要到大自然中去亲身体验，让他们了解大自然如何运转，帮助他们尊敬和热爱大自然。比起看书上的图片，孩子们在花园里就能更好地享受自然的乐趣，感受生活中美好的触觉、味觉、听觉、嗅觉、视觉。

最重要的是让孩子从工业化的城市中解放出来。

——玛利亚·蒙台梭利

布置一个室内花园

　　在室内的一角布置一个小花园，并不需要太大的空间，在那里播种，看着小苗渐渐生长，最后结出果实，你们还可以品尝果实的味道，多么美好！

布置室内花园的材料：
- 几盆土壤
- 几个玻璃瓶
- 一个桶
- 几个碗
- 几个空罐头瓶

❶ 准备一些有香味的植物或者便于打理的蔬菜，如萝卜、薄荷、小西红柿等。

❷ 把所有的罐子放在桶里拿到太阳下晒一晒。

❸ 如果家里没有孩子能用的种花工具，干脆给他一把大汤勺当花铲。

❹ 让孩子从头到尾自己动手，给花盆装满土，把种子种进去，再浇水。

❺ 让孩子用手触摸土壤，别怕脏，你可以在桌子上铺一块大桌布或者塑料布。

❻ 让孩子养成每天打理植物并仔细观察它们的习惯。

❼ 在这个过程中你还可以拓展孩子的词汇量，让孩子了解一棵植物的生存需要水分、土壤、阳光等。

瑜伽—冥想

 ## 契合手势

1 双腿交叉坐直。

2 手掌朝上，放在膝盖上。

3 手指弯曲，拇指和食指轻轻接触。

4 其余三个手指自然弯曲。

益处
这个手势可以帮助改善注意力，增强记忆力，经常练习可以让精神更加放松。

更多信息
拇指指尖同大脑的脑垂体有一定的联系，脑垂体负责控制我们身体大部分的机能。跟孩子一起练习，他们会观察你的动作，然后开始模仿。

你和孩子一起练习，他一边看你做动作一边认真听你讲解，很快就能学会。

创意活动

　　我们周围有很多平时注意不到的小动物，跟孩子一起到户外去，让他们发现和观察哪些动物在爬，哪些在飞，哪些在走。你们需要有耐心，动作要轻。这样一来孩子能更好地认识自己周围的环境，会对身边这个如此小巧而精致的世界着迷，他们会更加热爱大自然，同时还锻炼了他们的观察力和探险精神。

观察小动物

　　根据季节的变化，你们既可以在散步时观察世界，也可以在温暖的家里观察周围的环境。

- 在户外，别走得太快，弯下腰仔细找，一定能找到不少小动物：夏天的瓢虫，秋天的蛞蝓，还有一年四季都能找到的蚂蚁和蝴蝶。

- 在室内找就没有那么容易了，可以到窗户边或者阳台上试一试，如果家里有植物，试试看叶子背面，幸运的话，你可以看到蚊子、苍蝇、小蜘蛛或者小飞蛾。找到后，动作一定要轻，让孩子安静地观察。你还可以根据孩子的年龄问他们几个问题，比如，虫子是什么颜色的？它有多长？它如何移动？它在干什么？你觉得它能吃吗？

● 雨后时分，你们可以穿上雨靴出门去找蜗牛！看看草丛里，雨滴挂在蜘蛛网上，晶莹剔透，简直太美了！

夜光灯

你们没有任何发现？别急，等到天黑，打开窗户，铺上白床单，然后打开手电筒。手电的亮光会吸引来各种小昆虫，仔细地观察它们吧！

蒙台梭利

　　对孩子和大人来说，大自然都是值得探索的，通过探索和观察，我们可以发现这个世界的美，并希望把这份美保存住。因此，为了更好地了解大自然，用心去观察吧！

孩子是最伟大的自然观察家，我们要帮他们去探索和观察。
——玛利亚·蒙台梭利

观察自然

❶ 大自然无处不在，即便是在城市里。但最好让孩子走出城市到森林、田野、花园里，即使小公园的一个角落也会非常美好。总之，找一个安静的地方，不要让嘈杂打扰孩子的感官。

❷ 花时间认真看、听、感受、触摸你遇到的一切事物。

❸ 观察你周围的一切：新芽萌发，昆虫躲在石头下，蜗牛爬过的地面有一条痕迹。

❹ 闭上眼睛认真听，树叶沙沙响，鸟儿高声唱，森林里传来风儿的笑声，惹得昆虫也窸窸窣窣。

❺ 用心闻一闻，鲜花的清香，泥土的芬芳，树木飘散出枝叶的香味。

❻ 用手去触摸一切，不要怕脏，如泥土、草地、青苔、树皮、小虫子的翅膀和腿等。

7 散步的时候让孩子尽量穿着宽松简单。

8 你们可以带一个小篮子，找一只放大镜，带一个小本子和一支铅笔，随手画下你们看到的大自然。

9 你们会遇到很多孩子从未听过见过的事物，耐心给孩子讲解：各种花的名字，各种树木、昆虫、香味，种子的萌发，植物的生命周期，等等。

瑜伽

 蛇式

1 俯卧，双腿伸直放松。

2 双臂弯曲，双手放在腰旁，前额抵住地面。

3 吸气，上身向上挺直，望向天空。

④ 呼气，恢复原位，前额抵住地面。

⑤ 这组动作重复三次。

提示：孩子可以模仿眼镜蛇发出"嗞嗞嗞"的声音。

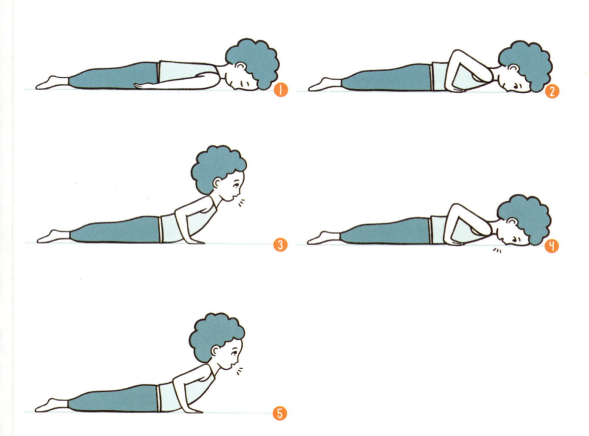

🌼 **益处**

这个姿势可以加强脊柱和臀部的力量，促进胸部、肺部、肩膀和腹部的功能。

旅行

平躺下来，放轻松，我们要出去旅行，这是一个漫长的旅途，来个环游世界之旅怎么样？想象一下你有一年时间可以不去上学，简直棒极了是不是？虽然你还有家庭作业要完成，但是暂时放在一边，先去旅行吧！

我们开车去机场，然后坐最早的一班航班飞往美国。在美国，你想去爬爬山，晚上住在了一座湖滨宾馆。然后你骑自行车游玩，在湖面泛舟，在公园里奔跑玩耍。你再次来到机场，乘飞机前往南美洲的雪山，在崇山峻岭间滑雪，然后你前往一座大城市的港口，在那里坐上了一艘大游轮。

游轮缓缓驶向太平洋的一座小岛，小岛被湛蓝的海水包围，沙滩上白色的沙子像豆沙一样细，椰树整齐地排成排，你在这片美好的沙滩上捡贝壳，享受恬静的时光。

你现在飞向一座火山岛，飞机刚一降落，就有一辆越野车接上你，在蜿蜒曲折的道路上飞奔，你来到一个小山村，接下来的山路必须骑上小毛驴继续走，你终于走到了山顶，身边就是一个巨大的火山口，火山像烟囱一样冒出滚滚浓烟，你打算继续前进去下一个目的地。

这次你要去非洲大草原，去看看那里的动物。你开了很长时间的车，来到一个自然保护区，动物长期生活在那里，自由自在，隔着车窗玻璃，你看到大象、犀牛、羚羊、长颈鹿、山羊、斑马，还有其他野生动物，你给它们拍了很多照片。你要回家了，坐上飞机后你心想，下次一定再来一趟这么美妙的环球旅程。

给孩子讲故事，跟他一起分享轻松的时光。

创意活动

我们必须承认，集体游戏会在某个人或某些人作弊的时候变得一团糟，你所期望的一团和气会被大叫、愤怒、争吵、沮丧等情绪毁掉。别怕，我们有解决办法——协作游戏。游戏规则很简单，就是大家一起做，没有竞争，也没有胜负，一个人失败了，所有人都赢不了，一个人赢了，所有人都赢了。这样就不会有好胜心作祟，气氛会更和谐。

 同心协力游戏

如果不想买一套合作游戏专用的玩具，可以用家里的玩具代替。

① 这个游戏的规则跟掷骰子游戏差不多，团队要一起向前走。

② 大家都把自己的棋子放在起点，代表自己的兵，再加一个筹码代表农民。

③ 大家轮流掷骰子。

④ 如果掷出双数，农民就可以向前走；如果是单数，你可以选择让兵向前走或者让队友向前走。

⑤ 比如，一个玩家掷出了一个 3 一个 2，他可以让自己的兵向前走 5 步；或者自己的兵走 3 步，队友的兵走 2 步；或者把这 5 步分给一个或两个队友。

⑥ 要想办法让整个团队的兵走得比农民快。

 更多信息
市面上可以购买到各种各样针对不同年龄的协作游戏，你可以去寻找一下。

鲜果曼陀罗

让孩子给这张画涂满颜色，跟他一起选择鲜艳亮丽的水果颜色。

蒙台梭利

孩子们特别喜欢动物世界，因为那里有太多可以探索的事物。孩子的学习过程总是从具体到抽象的，在让他辨认书本中的动物之前，先带他去看看真的动物吧！

孩子们总是喜欢耐心观察妈妈的一举一动和小昆虫的一举一动。

——玛利亚·蒙台梭利

 ## 户外观察

- 在户外，慢慢走，弯下腰仔细找，一定能找到不少小动物：夏天的瓢虫，秋天的蛞蝓，还有一年四季都能找到的蚂蚁和蝴蝶。

  先从常见的动物开始，如猫、狗、兔子、绵羊、山羊、牛、马等。

- 现在大多数人都住在城市里，所以孩子们在日常生活中不是总能遇到动物。带他们近距离观察动物，听动物的叫声，在安全的前提下甚至可以摸一摸。

  你可以在这个时候帮助孩子充实词汇量，比如，给他们讲公猪、老母猪、小猪仔的区别。

- 跟孩子讨论动物的生活习惯，比如，它们吃什么，生活在哪里，怎么行走，叫声是什么样的，有几只蹄子（脚），等等。

  根据孩子的兴趣和喜好，在图书馆选几本关于动物的书，带孩子阅读。

- 你可以打印几张动物的图片。小一点的孩子可以这么玩：一个动物打印两张图片，让他们玩配对游戏。大一点的孩子可以这么玩：一个动物做三张卡片，第一张只写动物的名字，第二张只印图片，第三张打印图片并写上名字。孩子可以试着把名字和动物对应起来玩配对游戏。

瑜伽—冥想

 空间印

① 盘坐在地上。

② 手掌向上放在膝盖上。

③ 拇指和中指相触碰。

④ 其余三个手指自然伸直。

 益处

"空气印"可以让人平静下来进入冥想状态，有助于改善内耳功能，缓解身体的疼痛。这个姿势还可以缓解疲劳，锻炼耐心。

跟孩子一起练习，他们会观察你的动作，然后开始模仿。

创意活动

　　罗马人非常擅长马赛克艺术，我们可以想象他们要花很长时间才能完成一件作品。跟孩子一起拼马赛克，不但能磨炼他们的耐性，而且还能提高孩子对色彩的感知力。随着孩子年龄的增大，马赛克的拼法也变得越来越复杂，但无论如何你们都可以获得一件漂亮的作品，这项活动还有一个好处，就是选马赛克的颜色和拼贴作品的过程都非常有趣。

 ## 用马赛克拼图

❶ 收集马赛克小砖（也可以用海绵纸或其他材料代替），找一张照片或漫画作为样本，按照上面的颜色，把瓷片切成小块。

❷ 开始选颜色。

小一点的孩子可以这么玩：

　　让孩子收集图片上色块比较大的颜色。（也可以给他们手绘一条鱼、一朵花，或者一间房子。）

❸ 把小瓷片一片一片拼起来，告诉孩子要沿着边缘一块一块紧挨着拼，这样才能形成漂亮的色块。

大一点的孩子可以这么玩：

　　可以修剪小瓷片的边缘，让瓷片之间结合得更紧密。鼓励他们拼更复杂的图案，或者画一幅画。

更有创意的玩法是把不同颜色的气球剪成长长的胶皮条，然后一条叠一条地编织在一起，做成彩色减压球，或者让孩子用马克笔在气球上画一张鬼脸、一只小动物，让减压球变得更可爱。

 展示作品
瓷片拼贴成功后，把它放在一张漂亮的桌布上，跟孩子一起欣赏你们的作品。别忘了把剩下的马赛克瓷片回收起来。

蒙台梭利

观察大自然可以让孩子更好地了解周围的世界，从而热爱自然、尊重自然，还可以培养孩子对未知世界的好奇心，他们会渐渐发现大自然那么美好又那么脆弱，从而产生环保意识。

当我们把大自然中的小虫子抓起来、关起来，其实就跟杀了它们差不多，所以我们还是不要让这些无害的小生灵脱离大自然吧。

——玛利亚·蒙台梭利

桌上的大自然

孩子们总是对身边的大自然着迷，所以他们乐于参与观察和探索大自然的活动。

❶ 根据家里的空间，摆一张桌子，或者摆放一个大托盘，放入不同季节的物品。

❷ 在桌上摆个台历，或者在墙上挂一本台历，让孩子了解一年四季的变化。

❸ 每次你们出去散步的时候，让孩子收集大自然的物品，如树叶、花朵、石子、松塔、树皮、蜗牛壳等。

❹ 回到家后，把所有这些物品都摆在桌上或者放入大托盘，用一只放大镜仔细观察每一个物品。别忘了定期更换这些物品，这样孩子才能一直有新鲜感。

❺ 还可以让孩子按照树叶的形状画画；观察同一种植物种子在不同时期的状态；跟他们讨论如何保护大自然。

桌子或托盘要始终保持有序，不断更新，也不能摆得太满。

瑜伽

 蝗虫式

❶ 俯卧，双手弯曲放在身体两侧，手心向下。

❷ 双手放在身体两侧，手掌心朝上。

❸ 吸气，同时双腿向上抬，带动胸部和双臂。

❹ 双腿落下，两脚轻轻点地，带动胸部和双臂。

❺ 动作重复三次。

 益处

这个姿势对背部、腹部、大腿、手臂和脖子都有舒缓作用。

秋天

平躺下来，放轻松，你知道哪个季节最五彩斑斓吗？当然是秋天！树叶变换成不同的颜色：黄色、金色、红色、棕色，随风纷纷飘落。你会发现太阳落山越来越早，空气越来越凉爽，你还会发现雨水越来越多，而且不是夏季的暴雨，而是绵长湿冷的雨，开学第一天就下起了这样的雨。

清晨，你看到一层雾气笼罩着大地，远处的大树在雾气中，树枝都看不清楚，秋天我们可以去森林里采蘑菇，要当心不是所有的蘑菇都能吃，可能会遇上毒蘑菇。我们还可以去捡栗子，拿回家洗干净再晾干，然后把它们放进烤箱。我们还可以静静地观察森林里的动物，这个时候你可以偶遇很多动物，因为它们正在为冬眠做准备。冬眠意味着它们要在洞穴或者窝里睡上一整个冬天。仔细观察，你可以找到正在忙着搬栗子、榛子和橡果的小松鼠，它们把坚果收集起来，准备冬眠的时候吃。

散步的时候，我们望着天空，听鸟儿的鸣叫，天空中有一大群鸟儿飞过去，它们要迁徙到其他地方，它们说那里更温暖。别急，春天的时候鸟儿还会飞回来。你去池塘划船，看到五彩缤纷的树倒映在水中，听见天空中鸟儿展翅迁徙，秋天简直是一年中最适合旅行的季节。

给孩子讲故事，跟他一起分享轻松的时光。

创意活动

千百年来，陀螺对人类都是非常具有吸引力的，最早的陀螺出现在 4000 多年前的中国，有泥土做的、木材做的，乃至到现代有塑料做的陀螺，它们从未停止过转动。跟孩子一起做一个陀螺，看它不停地转呀转，这个游戏既能让孩子的情绪镇静下来又能帮助孩子进行思考，随着转速的变化，陀螺的颜色和形状也会不同，可以给孩子带来无限的惊喜。

做一个陀螺

设计陀螺

材料：

- 一张硬纸板
- 几张白纸
- 一把儿童剪刀
- 一些牙签
- 几支彩笔

> **你知道吗？**
> 如果把圆形从中心到边缘用直线分成不同区域，然后用七种彩虹的颜色给每个区域上色（红橙黄绿青蓝紫），等陀螺转起来，你将看到一个白色陀螺。

① 在硬纸板上画一个圆形，剪下来。
如果没有白色硬纸板，可以将白纸贴在纸板上作为装饰。

② 把一根牙签（或一根火柴）插在圆形纸板的正中心，让它可以旋转。

③ 把不同大小的圆形硬纸板粘在一起，每一个纸板都涂上不同的颜色和图案。

④ 做好以后组织一场陀螺旋转比赛，看谁做的陀螺转的时间最长，每个人都可以改良自己的陀螺，来取得更好的成绩。

纸卷陀螺

① 剪几条宽 1 厘米的纸条，把它们首尾相接粘在一起。

② 将一根长 1.5 厘米的牙签放在中心位置，把纸条卷起来，一个纸卷陀螺就做好了。

棋盘

蒙台梭利

孩子的节奏跟大人完全不同，大人总是制定目标然后朝着目标努力，而孩子总是关注此刻正在发生的事，目标并不唯一，重要的是他们达成目标的过程。如果我们改变孩子的节奏将会发生什么事呢？

> 孩子有个致命弱点——任性。不愿意洗澡、不愿意理发、不愿意穿衣服，简直让妈妈们抓狂，但是不要老是催促孩子，这样会给孩子带来压迫感和危机感。
>
> ——玛利亚·蒙台梭利

一日的节奏

- 每天往往都充满强烈的节奏感，所以总是感觉匆匆忙忙，起床、穿衣服、洗漱，吃早饭、去学校、回家、吃晚饭、睡觉……第二天再重复这些事情。我们怎么让孩子拥有时间概念并从中获得经验呢？

- 这并不是一件简单的事，我们需要让一天的节奏慢下来，让孩子自己完成一天的事情，孩子每一天都会成长，从而渐渐产生时间观念。大人需要站在孩子的角度思考，有时候他们不能做得更快或者更好，他们需要在自己的节奏中建立个性，发展自信心。从今天开始，给孩子重做的时间，让他自己动手，慢慢地不断去试错，不要阻碍孩子的发展道路，让他来把握自己的节奏。

- 然而孩子还是需要知道他们一天的节奏是怎样的，所以你可以带孩子一起做一个行程表，把他每日需要做的事情拍成照片贴上去：起床、吃早餐、去学校、做游戏、吃零食、吃晚餐等，都贴在一个行程表上，让孩子通过每天的实践体会生活的节奏，他会渐渐习惯按照行程表上的顺序一件事一件事地做。

瑜伽—冥想

 ## 大地印

❶ 双腿交叉盘坐。

❷ 手掌向上。

❸ 拇指和无名指接触，呈一个环形。

❹ 其他三个手指自然放松。

 益处

大地印能帮助平衡身体内的不同元素，有助于增强体质、缓解疲劳。经常练习可以保持情绪稳定，提升自信。

跟孩子一起练习，他们会观察你的动作，然后开始模仿。

　　烹饪是共享美味的时刻，孩子总喜欢把小手伸进面团里，怎么都玩不腻，他们还喜欢品尝自己的劳动成果。除了可以共度一段美好的亲子时光，烹饪还可以让孩子表现出创造力，从这一点出发，杂果面包是最好的选择，捧着自己做的菜，孩子的内心必定充满了自豪感。

做杂果面包：共度美好的亲子时光

准备工作

配料：

- *杏仁面团*
- *各种风干杂果：无花果、杏仁、榛子、核桃、杏干、樱桃干、李子干、松子等。*
- *白砂糖*

　　孩子们可以自己装饰杂果糖，做起来有点像玩橡皮泥游戏，把无花果、杏仁或者李子干等风干洗干净晾干，拿一个小面团把杂果一个一个摆上去，可以按照颜色放两颗核桃仁、两颗杏仁、两粒樱桃干，把面团打扮得像一只贪吃的刺猬。

　　在面团上蘸一些白砂糖，放在烤盘中，等烤好以后用彩纸做成小喇叭形状来装饰。

为什么不呢？
如果你身处乡村，在制作杂果面包之前，可以到树林里去捡些松果，做出来一定更美味。

杏仁面团做法（大一点的孩子可以这样做）

配料：
- 200 克杏仁粉
- 200 克糖粉
- 2 勺水
- 几滴食用色素

准备：

❶ 把前三种配料混合在一起，用手揉搓均匀。

❷ 把面团分成几块，用不同的食用色素染色。

蒙台梭利

　　孩子们大概要到七八岁才能获得时间概念，他们在人生的最初几年需要用身体去感受一年四季的变化，在不知不觉中获得感官的体验，孩子们是活在当下的，他们没有准确的时间概念。

逝去的时光

以下活动可以帮助孩子发现时间概念。

之前 / 之后

　　一张白纸分成三份，中间一部分贴上孩子白天某一个时刻的照片，问孩子在这个时刻之前他在做什么，然后画在左边的空白处，再问他在这个时刻之后他在做什么，然后画在右边的空白处。

早上 / 中午 / 晚上

　　跟孩子说："我早上吃早饭。""中午在食堂吃饭。""晚上在家里吃饭。"你可

以在这些句子前加上昨天 / 明天："昨天我们去了爷爷奶奶家。""明天我们去购物。"……

一天的照片

给孩子拍一组照片，分别是他在一天中不同时刻的照片，到了晚上把照片打印出来，跟孩子一起制作一张时间表。

沙漏

沙漏是一件非常棒的计时工具，翻一次面用时三分钟，在这三分钟的固定时间内，带孩子完成一些工作，比如：煮鸡蛋、跳一段舞、刷牙。告诉孩子做这件事需要花三分钟。

去散步

出门散步一小时，在出发之前和回家之后给孩子看钟表，告诉他，你们出去了一个小时，钟表的时针（大针）就向前移动了一个格，告诉孩子在这段时间内，你们完成了一次散步。

季节盘

准备一个标有四季的圆盘，带孩子观察每个季节，然后让孩子转动指针，将箭头对准当前所在的季节。

时间柱

准备一张长一点的纸条（2~6米），代表一整年。纸条上标明每天、每周、每月、每个季节。还可以标上你们的生日、重要的节日等。让孩子每一天在相应的位置粘贴一个小标志，或者用一个小夹子作为标志，每天移动小夹子。

瑜伽

弓式

1 俯卧，双腿伸直，手臂自然放在身体两侧，手心向上。

2 吸气，脚跟向上抬起，尽量接触臀部。

3 双手抓住脚踝。

4 抬起头，上身和腿部挺直，向上看。

5 身体呈弓形。

6 呼气，身体回到起始位置。

7 这组动作重复三次。

益处

这个动作可以锻炼背部、腹部、大腿、手臂和脖子，能提高脊椎的灵活性，可以锻炼臀部和肩膀的力量，同时还能按摩腹部脏器。

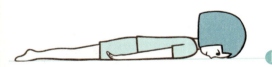

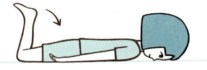

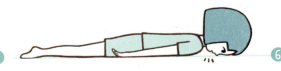

太阳

平躺下来，放轻松，想象一下，在夏天的夜晚，你睡在一扇打开的窗子旁边。清晨，一道美丽而温暖的阳光从窗口照进来，轻轻照在你的脸颊上，将你唤醒。你知道吗？太阳是宇宙中的一颗恒星，它离我们非常近，但是你却觉得它非常遥远，实际上太阳的光和热大约要花十分钟时间才能照射到我们。日出和日落时你可以看到蓝天中飘着几朵彩色的云，它们的颜色来自对太阳光的反射。而且日出和日落的时候，太阳都是红颜色的，有点像一颗大番茄，而白天它就变成了金黄色，慢慢升到天空中。晚上，太阳落下地平线，它会照亮地球的另一面，地球上其他地区的小朋友也会看到金黄色的太阳，那个时候你已经进入甜蜜的梦乡。

白天太阳特别亮，以至于我们无法用肉眼去直视它，如果想在这个时候观察太阳，必须戴上专门的眼镜，或者像科学家那样使用观测太阳的专业仪器。太阳就像一个大火球，它不断燃烧并喷射出熔浆。没有太阳，地球上的花草树木和果实就没有办法生长。现在你要到公园去玩一会儿，因为太阳光不是特别强，所以你可以和朋友们在草坪上踢球。

你沐浴在阳光里，感觉特别温暖，渐渐地你觉得有点热、有点渴了，糟糕的是你忘了带水，于是你跑到喷泉边喝水。踢完球你在树荫下休息，不知不觉就睡着了，醒来时太阳已经快落山了，阳光变得特别柔和，夜晚马上就要到来了，你也该回家了。晚上睡觉前，你又把窗户打开，等待第二天阳光的到来。

给孩子讲故事，跟他一起分享轻松的时光。

日本人发明了一种非常美的艺术品，用一张方形的彩色纸变换成各种各样的形状，相信每个孩子都能在折纸中享受到乐趣。跟孩子一起从最简单的折法开始，用铅笔画上一些虚线，按照虚线折，肯定能折出让你们满意的作品。折纸需要技巧和耐心，当孩子有一定的积累后，可以根据孩子的年龄加大难度，网上可以搜到很多折纸教程，书店也可以买到相关书籍。

折纸

这是一项锻炼孩子动手能力的游戏，给他一张方形的纸，让他沿着虚线折，一点也不困难。

小狗

1 将一张正方形的纸沿着对角线对折。

2 再沿着三角形中线对折，再还原。

3 把三角形两个角向下。

4 折出耳朵的形状。

5 如图将第一层纸向上折，然后再折第二层。

6 画出小狗的眼睛和鼻子。

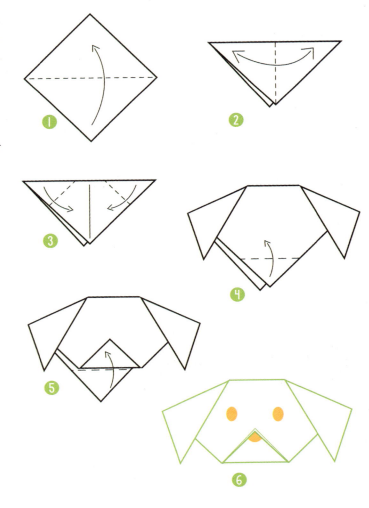

 **去海滩**

　　如果你有录有海浪声音的 CD，平时跟孩子一起做运动的时候可以播放，你们都会享受于其中的。

蒙台梭利

　　孩子们总是自然而然地喜欢玩儿各种各样的关联游戏，我们可以根据孩子的喜好制作一些图片，带他们玩关联游戏，同时还能丰富孩子的词汇量。首先从孩子最喜欢的一个主题开始。

 ## 玩主题关联游戏

　　比如说有关农场的主题。

1️⃣ 制作 6 组 12 张图片，要选择孩子知道的动物，拓展孩子对动物住所的词汇积累。

2️⃣ 把图片放在桌子上或者地上，让孩子给动物和它们的住所配对。

3️⃣ 孩子可以在配对的过程中自己发现错误，把动物图片粘在它们的住所背面，这样方便孩子随时检查自己的判断是否正确。

 动物和它们的住所

- 牛／牛棚
- 马／马厩
- 猪／猪圈
- 猫／猫窝
- 狗／狗窝
- 驴／驴棚
- 羊／羊圈
- 鸽子／鸽舍
- 鸡／鸡窝
- 兔子／兔笼
- 鸭子／鸭棚

其他关联游戏：
职业和所用到的工具，动物和它们的食物，国家和旗帜，服饰和季节。

瑜伽—冥想

 水印

1️⃣ 双腿交叉坐直。

2️⃣ 手掌向上自然放在膝盖上。

3️⃣ 拇指和小指指尖合拢。

4️⃣ 其他三个手指自然弯曲。

 益处

这个动作可以平衡体内液体的流动，平复情绪，保持血液中的水分流失，对肠胃和肌肉的放松也有帮助。

你和孩子一起练习，给他认真讲解，他会模仿你的动作。

创意活动

有时候你会发现家里的噪音一下子就大了起来，尤其是大家都在家的时候，大家一不小心就会提高讲话音量，气氛越来越嘈杂，到了下午简直让人筋疲力尽。为了避免这种情况，创造大家都渴望的宁静环境，我们可以一起来唱首歌。规则很简单，大家需要把想说的唱出来，大家在说之前需要想想怎么唱，提问和回答也会变得简短清晰，而且歌声还能烘托节日气氛或者让寒冷的冬日充满生机。

✂ 来唱歌吧！

- 为了让大家有所准备，可以在前一晚向大家宣布游戏的规则，让大家享受游戏的惊喜，不要受到游戏的惊吓。

- 把所有想说的话都用歌声唱出来，可以唱儿歌，也可以来一段歌剧，唱一段孩子们喜欢的儿歌或者他们最近刚从学校学到的歌曲，他们肯定特别吃惊，别忘了你还可以边唱边跳，孩子会模仿你的动作。慢慢练习，越熟练你们在其中获得的乐趣就会越大。

- 你甚至可以组建一个家庭合唱团，选一首大家都熟悉的歌，给不同的成员分配角色，如果家里有人会乐器，可以请他帮忙伴奏。

唱得不好？没关系，不是所有人都是天生的歌手，慢慢练习。

如果**大一点的孩子**觉得没有难度，可以让他们用英语交流，至少这是一个练习英语的好机会，而且把想说的话在脑子里组织清楚才能说出来也是一种避免冲突的方法。

蒙台梭利

　　这个游戏要用到汉语拼音，让孩子们学习声母和韵母的搭配。我们知道汉语拼音包含 23 个声母和 24 个韵母，有些发音很接近，有些韵母发音也很相似，所以我们最好先避开这些容易混淆的部分。比如"bo"和"po"，"san"和"sang"，"zhi"和"zi"，而且不能单纯地只读拼音，要选择一些有意义的单字。

猜猜拼音的游戏

　　游戏准备工作并不难，找一些孩子平时玩儿的小玩具，或者在大自然里找一些事物，把它们的拼音写在卡片上，再准备几幅相应的图片，放在一个盒子里。

> **小知识**
> 学习的过程从简单到复杂，比如从单韵母到复韵母。

❶ 在一块板子上放三张孩子熟悉的事物的图片，注意选择的事物名称的声母发音不能太相近，如"狼""糖""猫"。

❷ 你：我在板子上找到一只狼，你能给我"狼"的拼音吗？
　　……
　　你：是的，"狼"的拼音以"L"打头。
　　你：我在板子上看到一只猫，你能找出"猫"的拼音吗？
　　……
　　你：是的，"猫"的拼音以"M"开头。

❸ 不要直接指出孩子的错误，尽量保持游戏的愉快氛围。

❹ 当孩子慢慢熟悉了这个游戏以后，你可以加入容易混淆的声母，选择的词汇依然是孩子熟悉的事物，如朋友的名字等。

❺ 熟悉了声母以后，你可以教孩子韵母的发音，如"Lang"的韵母是"ang"。

❻ 同样是让孩子找卡片，你可以说："把韵母是 ang 的词的卡片拿给我。"

　　别忘了把孩子找对了的图片放在另一个盒子里。

瑜伽

🐟 鱼式

1️⃣ 平躺在地面上，双腿伸直，双臂自然放在身体两侧。

2️⃣ 呼吸，胸部提起，收紧肩胛骨，头部轻轻顶住地面。

3️⃣ 用肘部和前臂支撑。

4️⃣ 吸气。

5️⃣ 回复原位，这组动作重复三次。

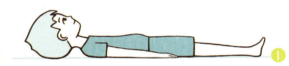

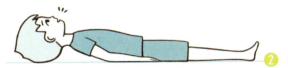

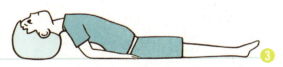

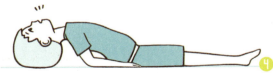

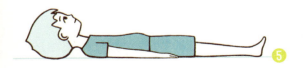

🌸 益处

这个动作可以帮助锻炼脊椎的灵活性，加强背部、颈部、手臂和肩膀的力量。

树叶

平躺下来，放轻松，冬天过去了，你会发现树上慢慢长出很多小新芽，这些小芽会在夏天长成叶子，变得越来越大，然后在秋天变黄落下。你散步的时候会在道路两旁看到很多树叶，但是你知道吗？每一种树或者每一种植物的树叶都是独一无二的。

你打算去公园或者树林里去收集树叶，你带了一个本子，打算把树叶夹在里面，每次你看到与众不同的漂亮树叶，都会把它们收集起来，清洗干净，然后放在纸上晾干，最后再夹在你的本子里。渐渐的，你有更多的机会去观察和学习各种树叶，你知道橡树叶子像手掌，樱桃树和大栗子树的树叶有清晰的纹路，栀子和核桃的树叶很小，你能讲出每种树叶的故事。

透过阳光观察树叶，你可以看到叶脉。如果你近距离观察大自然，会发现很多小动物都靠吃树叶维生，还有一些小动物在树叶上安家或者产卵，树叶是大自然最好的朋友，它帮助树木吸收太阳光，秋天的时候还能变成黄色、红色、棕色，给大自然增添美丽的色彩。

你可以躺在落下的树叶上，闭上眼睛，你的树叶地毯慢慢飘了起来，飞上了天空，这块地毯不停地转啊飞呀，从林荫大道飞向小河边，在从河边飞到树林里，慢慢降落到地面，多么精彩的一次落叶之旅啊！

给孩子读一段故事，让你们俩都放松下来。

创意活动

　　莫奈、修拉、雷诺阿、希斯莱，大多数印象派和后印象派都以他们温柔的色彩、平静的风光和舒缓的色彩著称，让孩子用手在画布上画点点，让他们花点时间，集中精力，用色彩来创作，至少你们可以一起享受一段平静的时光。

 点出印象派作品

准备工作

材料：
- 锡管颜料
- 一大盒棉签

小一点的孩子可以这么玩：

　　给孩子选一幅点彩画样本，要选择有大面积色块且轮廓清晰的。当然，你也可以自己画一幅画，最好用柔和的色彩去填充，教孩子如何用棉签画出深浅不同的点点。

大一点的孩子可以这么玩：

　　到野外去写生或者对着一张照片画，让孩子先用铅笔画出轮廓，然后再用点彩填充色块。

 了解艺术
为大一点的孩子选择一幅印象派的作品，让他们试着临摹，如果这样太难，可以试试拓印，对孩子来说这是学习绘画的绝好方式。

提示： 用棉签做画笔，别忘了要经常更换棉签，另外，要尽量避免把不同的颜色混在一起。

 脸谱

蒙台梭利

　　孩子喜欢不断学习新词汇，所以我们要通过游戏给他们创造积累词汇量的机会。学校里有那种微型农场和小动物的模型，你也可以在家里给孩子准备这样的玩具，通过游戏还可以让孩子学习一点语法。

提问游戏

❶ 收集不同小动物的模型，如马、牛、羊、鸭子、兔子等，再收集不同建筑物和动物住所的模型，如谷仓、羊圈、猪窝等。你可以把动物家庭划分成男性成员和女性成员，并给它们取名字。

❷ 跟孩子讨论如何布局小农场，把不同的动物安排到他们相应的住所中。

❸ 比如，把不同的马安排成一个马群，然后把马群放在马厩里，其他动物也是一样。

❹ 尽量多跟孩子讲相关的词汇，告诉孩子不同动物的不同特点，比如："看这只牛，有特别大的乳房，还有特别大的乳头，小牛要喝牛妈妈的奶。牛还有一对角、四只蹄子和一个尾巴，你知道男性牛叫什么吗？叫公牛。牛棚要安在农场的哪里才好呢？"

❺ 尽量用不同的句法向孩子提问，比如："这头牛是白色还是棕色？牛是什么颜色的？"把牛放在草边，然后说："牛在吃草吗？牛在干什么？"把牛放在水边，然后说："牛在喝水吗？牛在干什么？"

瑜伽—冥想

 原始印

❶ 拇指向内弯曲。

❷ 其他四个手指向内弯曲，握住拇指。

❸ 手掌向上，双手放在膝盖或者大腿内侧。

❹ 你可以告诉孩子这是蜗牛藏在它的壳里。

 益处

原始印有利于舒缓神经，辅助下腹呼吸，可以增加肺活量，帮助氧气更好地流入喉部和头部。

你和孩子一起练习，给他认真讲解，他会模仿你的动作。

创意活动

　　用纸制作花朵能让孩子们平静下来享受其中，每个人都能发挥自己的创造力，不管是平面的还是立体的，你身边的不同季节、不同时间都能带给你灵感，让手里的材料变换出一千零一种可能。

 ## 花束制作创意大比拼

准备工作

材料：

- 一些纸板
- 一个塑料瓶
- 一些长铁丝
- 一些毡布
- 一把圆头剪刀
- 一些胶带
- 一些彩色绒球
- 一些棉花
- 一些锡纸

不成束的花

你家里没有铁丝，或者制作了几朵不成束的花，怎么办？那就做个花环吧！用一条带子或一根绳子在头上量出合适的位置，然后把花朵粘上去。

小一点的孩子可以这么玩：制作简单的平面花朵

❶ 在纸板背面画几朵简单的花，然后用剪刀剪下来。

❷ 让孩子用彩色绒、棉花、锡纸装饰花朵，还可以给花朵涂颜色，用棉签做点彩（参看 144 页）。

❸ 用铁丝固定好花朵，然后放在塑料花瓶里，塑料花瓶底部可以放一些沙子或者塑料泡沫。

大一点的孩子可以这么玩：制作立体花朵

1 把塑料瓶用剪刀剪成细长的塑料条，作为我们制作花瓣的材料。

2 把这些塑料条依次粘在一张纸条上，然后把纸条卷成一个圈，立体的效果就出现了。

蒙台梭利

这个游戏可以让孩子在娱乐中学习语法，我们在说话时要选择简单的命令性的动词，你可以跟孩子一起玩儿，如果孩子太小可以再找一个大人来帮忙，或者找一张照片作为发号施令的对象。

> 工具可以帮助我们互相理解，语言就是这样一种工具，
> 它也是一种思维方式。
> ——玛利亚·蒙台梭利

玩发号施令的语法游戏

1 准备一些小纸片，上面写上一些动词，放在一个盒子里 。

2 给孩子示范如何玩儿，拿出一张卡片，阅读上面的词汇，按照词汇的要求进行表演，如唱歌、跳舞、跑、跳、咳嗽等。

3 让孩子也抽一张，表演出来，你来猜一猜这是什么动词。

4 你可以逐渐提高难度。
- 动词后面加宾语：开门，关窗户。
- 两个连续的动词：去卧室穿裤子。
- 三个连续的动词：拿钥匙打开邮箱取出信。

5 孩子会渐渐适应各种命令，你可以再加大难度写一段相对长的充满指令的话，比如：把面粉倒在碗里，加入水和盐，搅拌成一个面团，然后用擀面杖擀平。

不要满足于此，继续发挥你的创造力！

瑜伽

鳄鱼式

1 双腿伸直坐下，脚趾朝上。

2 双手平放在地面上，轻轻压地板。

3 缓慢深呼吸，闭上眼睛或者目视远方。

 益处

这个动作有利于大腿后部和背部肌肉的伸展，还有利于舒缓脊椎。

奇幻南瓜

平躺下来，放轻松。你穿着一双靴子和一件旧外套、戴着一副橡胶手套，在祖父的菜园里劳动，祖父教你如何铲土、翻土、种植、浇水，你发现祖父的菜园里有各种大小不一的南瓜，有一个特别大，你把它摘下来，放在小推车上，推到菜园的小菜窖里，你和祖父一起把南瓜切开，挖出眼睛和嘴巴的形状，然后把小蜡烛放进去，做成了一盏南瓜灯摆在家门口的墙角下。

睡觉之前你还想再去看看那盏南瓜灯，突然间，像变魔术一样，南瓜灯对你说话了，问你愿不愿意去一个很远很远的国家，那里的动物都会说话，而且那个国家有你想要的所有东西。你做梦了！

第二天早上你醒来，下楼到厨房吃早饭，惊奇地发现两只兔子正在热情地跟你打招呼，为你准备热巧克力，两只兔子在说话，而你完全能听得懂，就像那盏南瓜灯说的一样。你吃完面包喝完热巧克力，来到花园里，看到兔子们正在踢足球，他们邀请你加入。突然门铃响了，一只兔子跑去开门，两只小松鼠站在门口，邀请你跟它们一起去河边，你们来到河边，发现了更大的惊喜。

你的哥哥姐姐也在那里，你们玩得很开心，都忘了时间，一转眼就到了该回家了的时间，你们跟兔子一家共进晚餐，餐桌上有胡萝卜汤、炒胡萝卜、炖胡萝卜，还有胡萝卜蛋糕。吃完饭兔子妈妈把大家都哄到床上讲睡前故事。在睡觉之前，你又跑到门口去看那盏南瓜灯，你给它的嘴里留了一张纸条，上面写着"谢谢"，然后你爬上楼去睡觉。清晨，一束阳光洒在你脸上，把你叫醒，你走下楼时，看到奶奶正在给你准备早餐，兔子一家已经不在那里了，那盏魔法南瓜灯还静静地在墙角，原来这真的是一场梦。

給孩子读一段故事，让你们俩都放松下来。

创意活动

 回收利用

这个游戏既能让孩子提高环保意识，又能让你们一起度过愉快的时光。

这里有几个适合不同年龄孩子的做法：

- 用饮料瓶盖装饰盘子。
- 把卫生纸筒加工成餐巾环。
- 在装饰漂亮的火柴盒中放入糖果或者其他惊喜。
- 用装红酒的木盒子做一个刀架。
- 把大饮料瓶剪开做花瓶。
- 把旧铁丝衣架装饰成花环。
- 用树叶装饰成小烛台。
- 用碎瓷片拼成小动物的形状。
- 用旧扣子穿一串手链。
- 用铁丝和绒球做成一个钥匙链。

 聪明的想法
预先想好要回收什么物品，然后花一年时间把东西都存在箱子里，如饮料瓶盖、火柴盒、旧胸章、磁铁、钥匙环、卫生纸筒、明信片、扣子、布料等。

 曼陀罗几何图案

给这幅曼陀罗图案涂颜色，注意不要超过四种颜色。

小一点的孩子可以这么玩： 用点彩的方式涂色，这是解压的好方法。

大一点的孩子可以这么玩： 从中央向四周涂色。

再大一点的孩子可以这么玩： 增加难度，顺时针给这幅画涂色。

蒙台梭利

　　孩子都喜欢听故事，小一点的孩子喜欢让大人给他们念书，大一点的孩子喜欢拿着自己喜欢的书反复看。书籍里有巨大的财富，我们在书中可以发现许多新奇的东西，而且阅读可以让你和孩子们享受一段融洽的时光。孩子太小不感兴趣？你可以把故事的主角换成他和家里的其他成员，他一下子就被吸引住了。

做一本主角是孩子的书

1 给有一定识字基础的孩子在户外拍几张照片。

2 把 A4 纸对折做成一个小册子。

3 把照片打印出来贴在小册子的左页，右页写上小故事。

4 孩子开始阅读的时候，你可以跟他一起读，句子一定要简单，词汇要在孩子掌握的范围之内。

5 让孩子慢慢练习自己做故事书，最开始五六页，每页一两个句子就足够了。

6 慢慢培养孩子热爱阅读的习惯。

7 一定要循序渐进，按照孩子的阅读节奏，逐渐增加页数，增加每一页的句子长度，提高词汇量。

8 如果大一点的孩子已经习惯了阅读，你可以建议他把故事的细节写得更详细，发挥孩子的创造力，你们甚至可以做一整套书，一起拍照片，一起写故事。

瑜伽—冥想

 能量印

❶ 拇指、无名指和小指弯曲靠拢，食指和中指伸直。

❷ 手放在大腿内侧或膝盖上。

 益处

能量印可以帮助解决眼部问题，有助于睡眠，帮助增强眼部血液循环，缓解疲劳，恢复身体的能量。

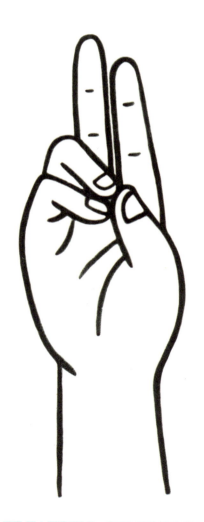

你和孩子一起练习，给他认真讲解，他会模仿你的动作。

创意活动

　　天气糟糕没法出门？假期的晚上孩子想要晚点睡觉？这个时候你们需要一个安静的游戏，并且最好全家都能参与进来。玩拼图怎么样？这是一个锻炼耐力和专注力的游戏，也是一个安抚情绪、打发时间的好方法。如果有人不喜欢或者不愿意参加，你可以提议搞一场比赛，说不定能激发大家的积极性。别忘了放一些大家都喜欢的背景音乐，灯光不能太昏暗，要在明亮的光线下做游戏，看得清楚才能完成更有难度的拼图。

五彩拼图

- 拼图有几种不同的玩法，首先你可以给每人一个适合他们年龄的拼图，你也可以把不同年龄的选手平均分配成不同的组，促进大家的交流，或者干脆找一个大拼图，大家一起拼，给每人安排一个角、一个边，按照不同的颜色和形状分拣拼图块，真是全家总动员啊！

- 找一张大桌子，或者找个跟拼图大小相似的、可以随便搬动的平板，方便移动未完成的作品。

> **儿童游戏馆**
> 大城市里有一些儿童游戏馆，可以供家庭租借不同样式的拼图，大家不妨试一试。

> **大一点的孩子可以这么玩：** 找一套她已经能熟练拼好的拼图，将其中的一两块藏起来，增加拼图的难度。

蒙台梭利

这个游戏可以让孩子发现世界上有生命的物体和无生命的物体之间的差异，在发现我们周围神奇的世界的同时，还可以丰富孩子的词汇量。

 ## 认识有生命 / 无生命物体

准备活动

材料:

- *8 张有生命的物体的图片*
- *8 张无生命的物体的图片*
- *两组标签分别写着"有生命"和"无生命"。*

如果孩子识字，你可以写"有生命"和"无生命"两个标签；如果孩子不识字，你可以用两个符号代替。

在开始之前，具体地跟孩子描述一下这些物体的特点，讨论每一个物体是从哪里来的。让孩子自己思考和回答，它们会根据自己的判断给出"有生命"和"无生命"的定义。

❶ 让孩子先观察每一个物品的图片。

❷ 让他们说说自己感觉这个物品是否有生命，然后你们可以一起回答一个问题："我们怎么知道它是否有生命？"让孩子大胆假设，不要怕犯错，逐渐引导孩子知道有生命的物体可以呼吸，需要养料，可以生宝宝，能出生也能死去。

❸ 为你们判断好的图片贴上标签。

❹ 让孩子自己玩一次，然后让他说说你们生活中什么是有生命的，什么是无生命的。

瑜伽

倾斜式

1. 坐下，双腿并拢伸直，脚趾和脚翘起。

2. 双手自然平放在胯部两侧，手指向前。

3. 膝盖慢慢弯曲，脚掌着地。

4. 呼吸，手臂和双脚撑住地，身体慢慢绷直，头向后仰，胸部挺直，保持。

5. 恢复起始动作。

6. 这组动作重复做三次。

益处

这个动作有利于增强手臂和手腕的力量，舒展肩关节和躯干。

 小故事

彩虹

平躺下来，放轻松。天气非常好，你决定去野餐，然后到你家旁边的小树林和小伙伴一起玩。你把晚餐装进袋子里，骑上自行车，出发啦！到小树林后，你先品尝了美味的蛋糕，然后开始玩球，玩累了就到旁边的树荫下休息，你睡着了。不一会儿，你感觉鼻尖上滴了一滴水，下雨了。

最开始只是小雨，后来雨越下越大，你和小伙伴待在树下避雨。雨终于变小了，天边出现了一道阳光，你的小伙伴抓着你的手惊呼："快看快看！"你转过头，天边有一道彩虹，太漂亮了！你之前只在书上见过彩虹，知道彩虹的颜色，于是你数了起来：红橙黄绿青蓝紫，果然是七种颜色。

突然，你有一个好主意，你和小伙伴要去看看彩虹的尽头是什么样子，于是你们骑上自行车，全速前进，骑了很久感觉彩虹还是那么远，朋友对你说要坚持继续走下去，他告诉你，彩虹的尽头可能藏着宝藏。

你太想找到宝藏了，于是你们重新出发，骑着自行车全速前进，打算在彩虹消失前找到它的尽头。你们骑啊骑，想穿过彩虹，但是彩虹太大了，你放下自行车，打算跑到彩虹的尽头去。你们跑啊跑，就在这时，雨停了，太阳出来了，彩虹也消失了。你有点失望，相信下一次，你肯定会找到彩虹的尽头和那里的宝藏的。

给孩子讲故事，跟他一起分享轻松的时光。

创意活动

我们想让孩子画画的时候，通常都会给他一张白纸，你有没有想过换点别的什么让他画呢？如一片树叶，细心找一片平整漂亮的树叶，引导孩子发挥想象力，创作出一幅真正的艺术品，然后把画好的树叶贴在白纸上（还是要用到白纸），做成一幅画，挂在墙上，简直太棒了！

树叶纹理

- 在小树林或者公园散步的时候跟孩子一起收集树叶，帮助孩子选择没有破损的、颜色漂亮、大小合适、表面平整的树叶。

- 回家以后把树叶放进大字典或者特别厚的书里压平。最理想的情况是等到第二天，树叶被完全压平后再开始作画，如果等不及，一两个小时以后也可以拿出来直接用。

可以用丙烯颜料或者其他色彩丰富的油彩画树叶。

当心污点！
如果用丙烯颜料作画，一定要当心不要把颜料涂在衣服或桌布上。

小一点的孩子可以这么玩： 让孩子顺着树叶的纹路画。

大一点的孩子可以这么玩： 用点点、圆形、几何图案等填涂树叶。

再大一点的孩子可以这么玩： 按照树叶的边缘曲线画同心不规则圆的形状。

用马赛克图形拼画乌龟

我们用暖色调作为背景，用冷色调描绘出小乌龟。

小一点的孩子可以这么玩： 帮孩子把乌龟轮廓上的正方形马赛克涂上黑色。

大一点的孩子可以这么玩： 让孩子自己把乌龟轮廓上的正方形马赛克涂上黑色。

再大一点的孩子可以这么玩： 先让孩子弄清楚图案的意思，然后让他用同色系的颜色给马赛克涂色，注意要把颜色间隔开来。

蒙台梭利

　　孩子们对水上游戏都很着迷，但是我们又不能经常接触到水，不过从水上游戏中我们可以吸取一些灵感，如漂浮和沉没的游戏，可以让孩子有机会玩水，给各种物品分类，同时了解各种物品的物理性质，你可以给孩子准备一个小本子，把参加实验的物体都写上去，让孩子自己把实验结果画在旁边。

观察漂浮／沉没的实验

准备实验

材料：

- ●一个盆　●六到八种不同的物品
- ●一些水　●一块抹布
- ●几张标签，上面写上"漂浮""下沉"或者"悬浮"

如果孩子不认识字，可以让他画出来；如果孩子会识字，直接帮他写出文字。

 太疯狂了！

拿一块橡皮泥，先团成一个球，放进水里，橡皮泥球肯定会沉下去，然后把它捞出来，捏成扁平状的饼，再慢慢放进水里，它会漂浮起来，这是什么原因？

❶ 把所有物品摆放在桌子上。

❷ 把清水倒在盆里。

❸ 把一件物品拿起来，轻轻放进水里，不要溅起水花。

❹ 和孩子一起观察物体的状态。依次把其他物品一件一件放进水里。

❺ 都放进去以后，再一件一件拿出来，擦干，贴上"漂浮""下沉"或者"悬浮"的标签。

❻ 让孩子自己玩一次，给物品分类贴上标签。孩子还可以自己发现实验物品，不过，要告诉孩子一定要选不怕水的。

瑜伽—冥想

 太阳印

1 无名指弯曲，拇指压住无名指。

2 其他三个手指伸直。

3 手自然放在大腿或膝盖上。

4 练习这个动作时，注意力需要集中在腹部。

 益处

太阳印可以帮助我们恢复体力，提高神经的敏锐度，帮助我们消耗多余的胆固醇，这个动作对容易感冒的人群有好处，有助于保持身体的热量。

跟孩子一起练习，他们会观察你的动作，然后开始模仿。

创意活动

　　小婴儿常常会被摇篮上晃来晃去的小挂件吸引，实际上，悬挂在空中的小挂件能起到镇静催眠的作用，不仅是对小婴儿，对大孩子同样有效果。孩子的眼神固定在某一个形状或颜色的物体上，突然发现这个物体还能根据光线的变化而变换，简直奇妙极了。这个物体在家里就能做，做完后还可以拿出去炫耀哦！

 ## 制作飞行物

- 要制作一个小的飞行物，首先需要一根小木棍和一些尼龙绳，把尼龙绳剪成几段不同的长度，依次捆在小木棍上，尼龙绳的另一头再挂上不同的小物体。你可以在天花板上系一根绳子，把小木棍吊起来，装饰你温馨的家。

　　在动手制作前，你可以准备一些回收物品，如小绒球、折纸作品、树叶等。

- 你还可以发挥创造力，比如，用小树枝代替小木棍，或者把两根筷子捆在一起，或者把塑料棍弯曲，两头捆在一起，做成一个环形，或者用旧衣架弯出一个形状，等等。

保持平衡

找到平衡点是这个游戏最难的一个环节，如果弄错了，就不能成功地把东西挂起来，调节尼龙绳的长度，或者试着在小棍上移动尼龙绳的位置，可以找到平衡点。

蒙台梭利

　　磁场和引力是两个非常有趣的实验，孩子有机会通过实验观察了解到不同物体的物理属性。你可以准备各种各样的物品，有的能被磁铁吸住，有的不能，让孩子自己观察和实验，并且自己得出结论。

观察磁铁的磁性

准备第一个实验

材料：

- ●一块磁铁　　●几片非磁性物品，几片磁性物品
- ●记账标签，上面写上"被吸引"和"不被吸引"

如果孩子识字，可以直接把"被吸引"和"不被吸引"写在标签上；如果孩子不识字，可以用符号代替。

❶ 把所有物品都放在一个篮子里，摆在桌上。

❷ 一只手拿着磁铁，另一只手拿一件物品靠近磁铁。

❸ 看看发生了什么，如果物品主动靠近磁铁，你可以说："这个物品被磁铁吸引了。"如果物品没有主动靠近磁铁，你可以说："这个物品没有被磁铁吸引。"

❹ 让孩子自己拿一件物品试一试，把"被吸引"和"不被吸引"的物品区分开。你还可以让孩子继续找身边的东西，看看它们会不会被吸引。

准备第二个实验

材料：

- ●一块磁铁　　●一些回形针

❶ 把回形针放在桌子上，拿磁铁慢慢靠近。

❷ 让孩子仔细观察。

③ 用磁铁靠近一颗回形针的一头，然后用另一颗回形针靠近挨着磁铁的回形针的另一头，看看它是不是也变得有了吸引力，这样你可以得到一个回形针长链。

④ 让孩子试试继续往回形针长链上加更多的回形针。

瑜伽

 驼式

① 双膝跪下，上身直立。

② 臀部向前移动，背部向后靠。

③ 左手放在左脚踝处，右手放在右脚踝处。

④ 背部慢慢挺直，下弯。

⑤ 保持三秒钟，呼吸。

⑥ 身体重心慢慢向前移，双手慢慢离开脚踝。

⑦ 这组动作重复三次。

 益处

这个动作有利于脊椎、大腿和臀部的拉伸，能提高肩关节的灵活性，同时拉伸胸部和腹部。

风和风筝

平躺下来，放轻松。学校马上就要放假了，这天你放学回家，兴冲冲地去看你的风筝，那是前一天你收到的礼物。晚上你梦到彩色大鸟形状的风筝飞得高高的，飞到了最美丽的海滩边。

第二天一早醒来，你兴冲冲地准备好，坐上公交车，把风筝放在膝盖上，开心地出发了。旅程有点漫长，最后公交车停了下来，你"倏"的一下跳下车。海边好像没有什么风，你有点失望，怎么办呢？还好你提前准备了游泳衣，先下水游个泳，再在沙滩上堆沙堡，然而你心里还是惦记着放风筝的事。突然，一团乌云遮住了太阳。

来吧，是时候了！你套上 T 恤衫，拿起风筝，使劲把风筝往天空一扔，然后牵着线沿着海岸线跑，但是风还不够大，你反复试了几次。风筝都飞不起来。突然，一阵微风吹过，然后风力越来越强，这下好了，风筝轻而易举地飞上天空，自由地翱翔起来。几分钟后，你的彩色大鸟风筝飞得高高的，不能再高了，你甚至感觉自己都快被拽上天了。

你抬头望向风筝，长长的线牵引着它，看起来真像一只展翅高飞的大鸟，你想象着自己坐在大鸟的背上，在云间翱翔，沙滩就在你脚下，人们变得像蚂蚁一样小，你飞过海边的小渔村，越飞越远，飞到了一个想象中的国家。突然你意识到自己并没有离开沙滩，手里还牵着那只大大的风筝呢！

给孩子讲故事，跟他一起分享轻松的时光。

创意活动

　　透明的冰块平凡无奇，但我们可以给它增加一些趣味，让它给饮料增添不同凡响的节日气氛，比如，在生日的时候制作一杯漂亮的鸡尾酒饮料，或者在烛光晚餐上给孩子做一杯漂浮着猕猴桃冰块的饮料，孩子们肯定喜欢这种惊喜，与此同时，他们也喜欢参与厨房的劳动，这个游戏可以说是两全其美。

做美味花式冰块

- 你可以任选放在冰块里的东西，可以让孩子在每个冰格里放一块水果，然后让孩子往冰格里倒水，放进冰箱等待两个小时。

　　根据一年四季不同的季节往冰格里放东西，生日和节日的时候也可以设定不同的主题。

- 夏天可以在冰格里放美味的红色浆果，可以到市场上去买，也可以去果园采摘，如草莓、樱桃、树莓、醋栗、黑莓等。冬天的选择并不多但也不会显得很无聊，你可以放一瓣橘子、一片柠檬、一片薄荷叶或者一块猕猴桃，甚至可以放一块软糖或者一块水果干等。

生日冰块

往冰格里放一些小的塑料玩具，孩子们肯定会迫不及待地去探索杯子里的小惊喜，恨不得冰块立刻融化，但是千万要注意，不要让孩子把玩具吞进去。

你还可以往开水里加一些彩色糖浆，做成彩色的冰块。

 小鸟先生

　　给孩子读这首维克多·雨果的诗，然后让他根据这首诗画一幅画，给小一点的孩子
多读几遍。

小鸟先生，
我已洗净盘子，
给你撒上面包屑，
猫咪也不来骚扰。

有请小鸟先生，
来吃光盘里的食物，
女主人笑容可掬，
肯定让你满意。

先喝一口水，
低头看看盘子，
再吃一口面包，
我亲爱的小鸟先生。

蒙台梭利

这是一个很简单的小实验，它可以让孩子了解液体的特性，观察虹吸现象，从而激发他们探索世界的好奇心。

液体流动实验

准备实验

材料：
- 两个空瓶子剪成两半
- 一根透明软吸管
- 一瓶有颜色的水

1. 把所有材料放在桌子上。

2. 在两个瓶子里倒入适量水。

3. 把吸管的一头放在一个瓶子里。

4. 用嘴把吸管中的空气吸空，然后把吸管的这头放入另一个瓶子里。这样一来，其中一个瓶子的水会流向另一个瓶子。

5. 和孩子一起观察发生了什么，水通过吸管流动，直到两个容器的水位完全相同。

⑥ 让孩子自己操作一次。

⑦ 多试几次，调整两个容器的水位和容器放置的高度差。

⑧ 让孩子在小本子上记下或者画下实验的结果。

没有必要给孩子做过多的解释。

小一点的孩子能发现液体水位的变化即可。

大一点的孩子如果就虹吸现象提问，可以简单做出解释。

瑜伽—冥想

 集合印

① 掌心相对，左右手的十个手指伸直，指尖互相触碰。

② 手臂放在大腿或者膝盖上。

 益处

集合印有利于提高认知能力及大脑左右半球的互动能力，从而可以开发智力、提高记忆力。

跟孩子一起练习，他们会观察你的动作，然后开始模仿。

第38周　创意活动

　　让孩子侧耳倾听周围的声音，你们会发现身边无数的声音，有的很低沉，有的很洪亮，有些是外部发出来的，有些甚至是你自己发出来的，让孩子尝试去探索和识别周围的声音，与此同时，创造一个安静的环境，无论孩子还是成年人，都能通过这个活动缓解压力，感受到更多的美好。

 ## 探索和识别声音

- 我们生活的环境里有很多噪音，我们对它无能为力，门会砰砰响，餐具放在桌子上也会发出声音。噪音有的低沉有的刺耳，我们可以和孩子一起侧耳倾听，研究下这些噪音都是怎么发出来的，可不可以避免。

小一点的孩子可以这么玩：通常他们对身体的控制能力不强，动作的准确性不强。

- 给他们一个明确的指令："脱掉鞋子。""做游戏的时候把卧室门关上。"

大一点的孩子可以这么玩：通常他们对改变生活习惯非常感兴趣。

- 可以把屋里的音乐放小声，不仅如此，还可以建议他们平日做动作时更轻一点，刷牙

的时候关掉水龙头（这也是环保的做法），轻轻将盘子放在洗碗机里，敲键盘的时候尽量轻点，轻轻关上门等。

做示范

很显然，你是孩子第一个模仿的对象，所以做事一定要轻手轻脚，示范给孩子看怎样保持安静，可能不会一下子见效，但慢慢你会发现不可思议的效果！

蒙台梭利

我们上次做了磁场和引力两个实验，这次我们再做两个，让孩子观察事物的不同属性，给孩子一点时间，让他自己观察、自己找答案、自己下结论。

 ## 认识空气／水的实验

准备第一个实验

材料：

- ●一盒火柴   ●一支蜡烛   ●一瓶水   ●一个碗   ●一个玻璃杯

❶ 把所有物品放在桌子上。

❷ 蜡烛放在碗中央。

❸ 碗里倒入一些水。

❹ 用火柴点燃蜡烛。

❺ 用玻璃杯罩住蜡烛，观察随后发生的现象：蜡烛熄灭了，玻璃杯里的水位向上移动了。

❻ 让孩子自己操作一遍。

准备第二个实验

材料:

- 一个热源，如一支蜡烛或一台电暖气
- 一张皱着的纸，剪成盘子形状，然后沿着圆盘周围向中间剪成螺旋形状
- 一根毛衣针

1 点燃蜡烛，或者打开电暖气。

2 把毛衣针插在螺旋纸的中心位置。

3 将纸靠近蜡烛或电暖气，仔细观察会发生什么：螺旋会旋转起来。

4 热空气上升让螺旋旋转。

5 让孩子自己操作一遍。

6 鼓励孩子用小本子把实验过程和结果记录下来，自己写实验结论。

瑜伽

坐姿前弯式

1 坐下，双腿伸直绷紧。

2 脚尖朝上。

3 吸气，向上举起手臂。

4 呼气，手臂放下，双手抓住脚趾。

5 前额尽量靠近膝盖。

6 保持姿势数三下。

7 抬起上身，吸气，向上举起手臂。

8 呼气，手臂自然放回身体两侧。

益处

这个动作有利于改善血液循环，帮助舒展全身的肌肉，尤其是背部肌肉，从颈部到大腿后侧到脚踝完成一个全身的拉伸，有利于放松精神、缓解压力。

冬天

平躺下来，放轻松。你有没有发现白天越来越短，夜晚早早降临，气温越来越低，原来是冬天来了。冬天非常寒冷，但又意味着圣诞节就要到了，我们可以收礼物，还可以去滑雪，快！快！穿上大衣、靴子，戴上帽子、围巾，不要忘了你的手套。

　　放假了，你忙东忙西，聚会、滑雪、滑雪后的聚会等。去滑雪那天，你早早起床去赶火车，经过长时间的车程后，你终于来到雪场，你只有一个念头：滑雪，滑雪，滑雪。但是还必须要等到明天，怎么可能有耐性等？旁边有雪橇！其实不是真正的雪橇，就是一种大的塑料板加上手柄，你拿着雪橇爬到高处，坐在上面，然后"嗖"的一下滑下来，停下来时甚至还打了个滚，简直太好笑了！

　　你看见一个男孩和一个女孩没有雪橇，他们正羡慕地看着你，你不希望他们难过，所以把雪橇借给了他们，你们轮流从高处滑下来，大家下坡时的动作都非常好笑，你们笑得前仰后合，你们简直玩疯了，这下好了，你结识了新伙伴，他们打算在雪场待一周。

　　第二天，你们整装待发去雪场缆车边排队，你们三人登上了相对简单的绿道，哇！出发啦！你第一个滑下去，两位新朋友紧随其后，滑雪太好玩了，你熟练而快速地曲折下滑，绕过小旗子，转弯加速，再转弯，再加速，最后你赢得了比赛，跟新朋友玩得很开心，最后一天你们伤心地道别，但是说好明年还来雪场，一起度过更多难忘的时光。

给孩子讲故事，跟他一起分享轻松的时光。

创意活动

英语里"smoothie"这个词有"甜蜜顺滑"的含义，没错，smoothie 是一种很美味的饮料——奶昔，喝的时候给人一种爽快清甜的感觉。跟孩子一起做一杯奶昔喝，不但可以获得丰富的维生素和营养成分，品尝当季水果的鲜美，还能让孩子提高动手能力、掌握一项技能，说不定孩子可以做出更多口味的奶昔呢！

 ## 自己动手做奶昔

准备当季奶昔

配料：

- 一个香蕉
- 两三种当季水果
- 半升全脂牛奶
- 一些冰块
- 一勺蜂蜜

香蕉切成小块

> **搅拌机和搅拌器?**
> 最好的奶昔肯定是用搅拌机制作的，水果可以被充分绞碎打匀，但如果家里没有搅拌机也没有必要专门去买，功率在 400 千瓦以上的，有金属叶片的搅拌器也能做出很好的奶昔。

1. 水果削皮去籽，倒入半升牛奶，如果天气太热可以加一些冰块，用搅拌机充分搅拌。

2. 孩子可以自己选择混搭的水果，帮助小一点的孩子选择一些甜味的水果。

3. 不要同时使用太多种水果，以免混合出奇怪的味道。

4. 没有必要往奶昔里加糖，如果想要甜一点的口感，可以在奶昔里加一勺蜂蜜。

创意：

用酸奶代替牛奶跟水果一起做奶昔，或者你可以试试椰奶，甚至冰淇淋，或者干脆用橙汁或苹果汁做果味饮料也是不错的选择。

冬天也可以加入一些冻水果。

 **彩色曼陀罗**

选择一些明亮的暖色调，如红色、橙色、黄色、粉红色等。

小一点的孩子可以这么玩：给最中央的那朵花涂上颜色，然后用不同的颜色涂外围的花瓣。

大一点的孩子可以这么玩：从中心到四周，由深到浅给花瓣涂颜色。

再大一点的孩子可以这么玩：用虚线、折线、星星、桃心等形状给图案填色，从中心到四周的颜色要由深到浅。

蒙台梭利

这两个实验可以让孩子观察水的物理特性，孩子又有玩水的机会了！

释放孩子的潜力，你将和他一起改变世界。

——玛利亚·蒙台梭利

认识压力／张力的实验

准备第一个实验

材料:

- 一瓶水
- 一个玻璃杯
- 一张硬纸板

1️⃣ 把所有物品放在桌子上。

2️⃣ 玻璃杯中倒满水，直到水面在玻璃杯边缘形成一个弧形，告诉孩子水面形成了一个凹面。

3️⃣ 把硬纸板轻轻放在玻璃杯上，快速把玻璃杯翻过来，看看会发生什么: 硬纸板贴在了玻璃杯面上，而且水也没有洒出来。

4️⃣ 让孩子自己操作一次。

准备第二个实验

材料:

- 一瓶水
- 一个玻璃杯
- 几枚硬币

1️⃣ 玻璃杯中倒满水，直到水面在玻璃杯边缘形成一个弧形。

2️⃣ 把一枚硬币轻轻放入杯子中。

❸ 把其他几枚硬币也都轻轻放进去，看看会发生什么：水没有溢出来。

❹ 让孩子自己操作一遍。

❺ 每次实验后，鼓励孩子用小本子把实验过程和结论记录下来，或者画下来。

瑜伽—冥想

 勇气印

❶ 拇指和食指弯曲，拇指指肚接触食指外侧。

❷ 其余三个手指自然伸直。

❸ 双手放在大腿内侧或膝盖上。

益处

勇气印可以增强人的安全感和自信心，消除恐惧和害羞的情绪。

跟孩子一起练习，他们会观察你的动作，然后开始模仿。

创意活动

不论在家里还是在其他地方，时间总是给人带来压力，然而我们又不得不面对时间，尤其是在每周的工作日。现在让我们好好享受一下无拘无束的周末和假期吧，告诉孩子，今天我们不看表，不需要知道时间！这个游戏就是要我们把手表藏在衣橱里，或者关掉手机，扣上时钟，让我们完全不知道现在是几点，这样一来，一切都可以自由安排，按照你和孩子的喜好来确定，这样的一天结束后，你会发现大家依然精力充沛。

好好享受不看时间的一天

① 从前一天晚上起，把早上的闹钟停掉。

② 享受一个轻松的懒觉，醒来后你们可以躺在床上，你可以给孩子讲故事。

③ 厨房里准备一些点心，如果有人饿了可以自己去吃，小馋猫们肯定很喜欢这样的方式。

④ 不要各自待在各自的屋里，大家在餐桌前集合，你们可以聊聊天，可以吃点东西。

⑤ 你们可以出门散步，根据太阳的位置猜猜现在几点，让孩子们感受一下大自然的节奏。

漫无目标

一天不看时间你可能感觉不出什么，但是如果这样重复几天，你会慢慢发现，不看时间也没什么，你可以按照自己的节奏轻松而毫无压力地正常生活。

蒙台梭利

通过这个实验我们可以观察水和其他液体的流动，在重力的作用下，相连通的容器的水面高度会保持一致（不同容器之间液体流动的原理见第 170 页），液体通过吸管互相连通，实现了流动。

经验是知识的唯一来源。

——玛利亚·蒙台梭利

吸管实验

准备实验

材料：

- *一瓶水*
- *三个小盆*
- *两根透明软吸管*

1. 三个小盆放在不同的高度上，如桌子、板凳和地上。
2. 把水倒入最高的小盆里。
3. 将最高的小盆和中间的小盆用一根吸管连接，然后另一根吸管连接中间的小盆和最下

重力

有关重力的实验还有很多，如让不同的物体从高处落下，观察它们落下的方向和速度，然后告诉孩子，重力是一种地球的引力。

面的小盆。

④ 把吸管中的空气吸走，看看会发生什么。

⑤ 最高的小盆里的水会渐渐流向中间的小盆，而中间小盆里的水又会渐渐向下流。

⑥ 让孩子自己操作一遍。

　　孩子可以在小本子上记录下实验中的发现和结论，也可以直接画下来，或者把过程中有趣的事、有意思的评论记下来。

瑜伽

 ## 劈腿体前弯

① 双腿伸直坐下。

② 两腿分开，膝盖绷直。

③ 吸气，手臂向上举起。

④ 呼气，双手尽量触摸双脚的脚趾。

⑤ 柔韧性好的儿童可以尝试额头着地。

⑥ 保持动作，数三下。

⑦ 吸气，双臂向上举起。

⑧ 这组动作重复三次。

✿ 益处

这个动作有利于放松背部和腿部的肌肉，提高胯关节和肩关节的灵活性。

小故事

雪

平躺下来，放轻松。想象一下现在是冬天，你期待下雪已经有好几个星期了，天气越来越冷，白天越来越短，但是雪还是迟迟不下。一天清晨，你醒来时发现窗外白茫茫一片，周围的一切都被雪覆盖了，街对面的房子、树木、院子里小狗的窝、街道上的汽车，都成了白色，一切都变得那么安静。

你心里只有一个念头，出去玩！你穿好衣服兴冲冲地跑下楼，跑到院子里，靴子踩在雪上软软的，发出咯吱咯吱的声音，你一边跑一边看地上的脚印，突然有一个软软的、凉凉的东西砸在你背上，是一个雪球，谁干的？你四周看看，一个人都没有，真奇怪！你一边张望一边弯下腰抓起一把雪，团成了雪球，啊！在那里！你看到大树后面藏着一个人，靴子还露在外面呢，你认出那件蓝色外套是你好朋友的，于是你假装什么都没看见，慢慢绕过大树，突然快跑几步，"嗖"的一下把雪球扔到他身上，他急忙转身躲避，但是已经来不及了，雪球正中他的鼻子，把你俩都逗笑了。

你的朋友带着一个雪橇，于是你们决定去公园玩，那里有一个大斜坡，你拖着雪橇走上斜坡，然后坐上雪橇准备好，你的朋友做了个"下来"的手势，你双脚用力一蹬，"嗖"的一下就滑下去了，速度越来越快，连帽子都被吹走了，你的头发随风飘动，真是太有趣了。接下来轮到你的朋友滑，你俩就这样轮流玩了好几个小时。他说该回家了，然后你们约好明天还来这里玩。

给孩子讲故事，跟他一起分享轻松的时光。

185

创意活动

学习是孩子的天性，但是在学习的过程中他们需要你的帮助，他们必须找到时机，知道要看什么，听什么，感受什么，培养起好奇心和主动提问的能力。然而大自然是比你更优秀的老师，给全家多创造一点出去散步的机会，让孩子亲近自然。在树林里，孩子的感官变得更敏感，你要鼓励孩子用手指轻轻触碰，用心感受。

探索大自然

出发之前不要忘记带几个塑料袋，平时买菜买水果用的那种塑料袋就可以，你们会发现很多大地的宝藏，探索大自然没有任何年龄限制，孩子会自己找到乐趣所在。

小一点的孩子可以这么玩：

让他们尽情玩耍就够了，可以收集树叶，采集栗子和橡果。

大一点的孩子可以这么玩：

试着找到泥土上动物的脚印和树木上小动物的痕迹。

仔细观察地上的痕迹，寻找蚂蚁窝，在树上寻找鸟巢。别忘了带上白纸和铅笔，可以找不同的树干，然后用笔和纸把树干的纹路拓印下来，说不定会得到更多惊喜的发现。仔细去观察，树叶的背面可能藏着植物世界的奥秘。

 指尖的发现
蒙住孩子的眼睛，然后让他用手去触摸不同的树叶和树皮，选择他"感觉"最喜欢的，把眼罩打开，让孩子自己说这是什么树。

 串珠子

串珠子是特别有意思的游戏，想象一下你正在串一条项链。

蒙台梭利

　　我们总想给孩子提供一把理解周围世界的钥匙，这个实验可以让孩子了解什么是电，如何操作电路。孩子都听说过电，也许他们已经知道电可以点亮灯泡，可以让玩具动起来，甚至有时候家里的电还很危险。

电路实验

准备实验

材料：

- ●一个小灯泡　　●一节电池　　●一些电线
- ●一个开关　　　●一个小篮子里面装着一些导体和一些绝缘体

❶ 孩子手拿电池和灯泡，仔细观察。

❷ 把电池放在桌子上，用两条电线连接电池的两头。

❸ 让孩子把两根电线的另一端接触灯泡，看看会发生什么：灯泡亮起来了。

❹ 把开关连接在灯泡和电池之间，打开开关灯泡会亮，否则灯泡熄灭。

❺ 把开关换成不同的导体和绝缘体。

❻ 让孩子把不同的物体连接上去，如贴片、木材、塑料、布料等，看看分别会发生什么。

❼ 如果灯泡亮了，告诉孩子这个物体是导体；如果灯泡没有亮，告诉孩子这个物体是绝缘体。

❽ 把所有物体分成两类，让孩子自己操作一遍。

❾ 当灯泡亮起来的时候，你可以解释说："现在电路是连通的。"当灯泡灭掉时，你可以说："现在电路是断开的。"

瑜伽—冥想

 打坐

❶ 双腿盘坐，上身直立。

❷ 两只手掌相对，放在胸前。

❸ 保持目光平行向前，背部挺直，挺胸。

❹ 前臂与地面平行。

❺ 双手不要靠在胸上。

 益处

这个动作可以帮助舒缓压力，消除焦虑情绪，安抚心灵，给人带来爱和平静的感觉，这个动作十指相交，帮助我们全身心放松。

跟孩子一起练习，他们会观察你的动作，然后开始模仿。

创意活动

　　我们看不到风，但是风吹过时能看到树叶在动，云在飘，头发被吹乱了，风轻轻抚摸脸颊，把太阳下晒着的床单吹得鼓鼓的。跟孩子一起做一个风车，让孩子了解什么是风，风从哪儿来，到哪儿去，孩子肯定会对这个不停旋转的小玩具非常感兴趣，如果外面风不大，风车吹不起来，可以回家打开电风扇或电吹风，让孩子尽情玩个够吧！

做一个漂亮的风车

制作风车

材料：

- 一张厚一点正方形的纸
- 一根木棍（最好是一根方棱筷子）
- 一颗图钉
- 一把剪刀
- 一些蜡笔或者水彩笔

❶ 在开始之前让孩子在纸上作画，尽量把纸涂得鲜艳多彩。

风吹动风车的时候，孩子可以发现风车上不同的颜色混在了一起。

❷ 正方形纸沿对角线对折，折出两条对角线。

❸ 沿着对角线剪，剪到中心和角之间一半的位置。

❹ 剪开后把其中一个角贴到中心，不要折，其余三个角也这么做。

❺ 用图钉穿过中心和四个角贴着的位置，把风车固定在筷子上，注意调整位置，风车一定要可以自由旋转。

❻ 拿风车朝着不同的方向尝试，看看风是从哪里吹来的。

小窍门

图钉扎着的四个角很容易破损，可以预先用透明胶粘一下，再固定，会让风车的寿命更长。

蒙台梭利

在蒙台梭利教育法中，孩子们在做科学实验时，可以给他讲很多伟人的故事。用历史故事、科学实验给孩子上一节形象生动的课，让他们对宇宙有一个大致的了解，探索人类的历史。我们要做的第一个实验就是让孩子认识宇宙和我们的星球，了解我们星球上固体、液体和气体的概念。

认识固体、液体和气体

准备实验

材料：

- 一块小木块
- 一小瓶水
- 三种标本
- 一个试管架和一排试管
- 一些标签，上面写上"固体""液体"和"气体"

❶ 把试管放在试管架上。

② 让孩子把小木块放进第一个试管。

③ 让孩子把一些水倒进第二个试管。

④ 让孩子给两个试管贴标签。

⑤ 如果孩子识字，直接让他操作；如果孩子不识字，可以给他念标签上的字，让他把自己知道的先贴好，然后和他一起解决不知道的。

⑥ 标签贴好后，让孩子用小本子把实验的过程和结果记录下来，或者画下来。

瑜伽

船式

① 坐下，双腿伸直，上身挺直。

② 膝盖弯曲，向胸前靠拢。

③ 双手向膝盖前方伸直。

④ 上身稍微向后倾斜。

⑤ 双腿慢慢向斜上方伸直。

⑥ 身体形成一个 Ⅴ 字形，保持几秒钟，呼吸。

⑦ 上身恢复直立，膝盖弯曲。

益处

这个动作有利于加强背部、腹部和臀部肌肉的力量，可以锻炼身体的平衡能力。

⑧ 恢复坐姿，双腿伸直。

⑨ 这组动作重复三次。

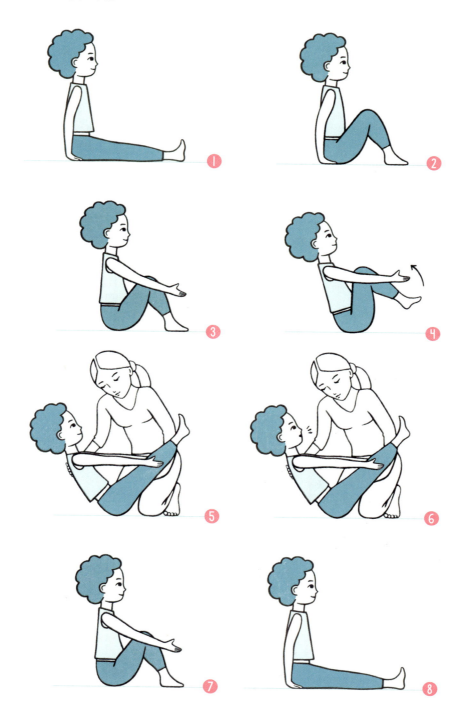

🔴 小故事

雪人

平躺下来，放轻松。一个美丽的冬日清晨，你被一道明亮的光照醒，外面下雪了！从窗户向外望去，你看到邻居家你的好朋友已经在院子里堆起了雪人，你也想堆一个，于是赶紧穿衣下楼，先捏一个小圆球，然后放在地上滚，一点一点，雪球变得跟你一样高，你把雪球滚到一棵树下，然后又滚了一个小一点的雪球，做雪人的头，你找大孩子们借了一把梯子，登上去把雪人的头安好，再找来一根胡萝卜当鼻子，两颗煤球当眼睛，再戴一条围巾、一顶帽子，又插上爷爷的烟斗，简直太完美了。

一整个下午你都在跟朋友一起玩，到晚上你要睡觉了，在上床之前，你想去看一下树下那个雪人，看完后你爬上床安心入睡，突然你听到门外有人敲门，是雪人吗？走廊里留下了一些水印，你赶紧让他进来，雪人感谢你把他造了出来，并且想和你交朋友，他想带你去环游世界，他说你只需要带一个毯子，你铺开毯子坐上去，他也坐了上去。

突然毯子飞了起来，顺着窗口一下飞出窗外，你们在天空中飞啊飞，飞过整座城市，脚下的一切都那么渺小，房屋、道路、汽车、树木，你们很快飞到了森林上方，又飞到了一座大都市的上方，你们看到了花海、湖泊、山川，雪人想带你去看他的家乡——北极。毯子慢慢向上升，你们来到雪人村，这里的房子是饼干和糖果做的，雪人给你介绍了他的朋友，你们玩得很开心，但是回家的时间到了，你有点沮丧地踏上飞毯，在花园里与雪人们依依惜别，你很快飞回了自己的小卧室，躺在床上，进入了甜蜜的梦乡。

第二天，又是一道阳光把你叫醒，你想起昨晚的旅行，赶紧跑下楼看你的雪人朋友，他依然在树下矗立着，你也不知道昨晚只是一场梦，还是真的跟雪人一起经历了一场旅行。

给孩子讲故事，跟他一起分享轻松的时光。

创意活动

有时候孩子的房间看起来很乱很乱，为了重新创造一个整齐的，温馨的睡眠、游戏、休息和工作的环境，我们需要随时整理卧室。然而"整理"这个词总是让人绝望和抵触，我们可以专门找一天，来个集市大赛，这个古怪的游戏既能化解孩子的抵触情绪，又能让他们主动帮你整理房间，简直太棒了！

✂ 集市大赛

❶ 游戏的原理很简单，我们把房间看成一个菜市场，找几个箱子，放在屋子的中央，把不同的玩具分类放到不同的箱子里，如拼图、纸片甚至脏衣服，给整理好的房间拍张照片，如果你有几个孩子，可以让他们比一比看谁整理得更好；如果你只有一个孩子，可以让他跟你比一比。

❷ 或者你们可以组队，一间屋子一间屋子地攻克，收拾起来肯定又快又好。找一个垃圾袋，把旧玩具和废纸片都放进去，你可以让每个孩子负责一种玩具，手里提着一个箱子，在"市场"里走来走去，把他需要的东西放进自己的箱子。

❸ 为了营造气氛，你还可以放一些轻松活泼的音乐，跟着音乐的节奏进行整理，整理好以后，你们还可以喝一杯饮料庆祝一下。

玩具基金会

如果你有几个孩子，可以建议他们搞一个玩具基金会，每个人把自己不想要的玩具放在门口，其他人可以去挑选，互相交换。

 反转照片

小一点的孩子可以这么玩：用不同的彩笔给两幅画涂颜色，如铅笔、蜡笔、油彩等。

大一点的孩子可以这么玩：用彩笔分别对两幅画进行更精细的涂色。

再大一点的孩子可以这么玩：左边一幅画用黑色、白色和灰色涂色，右边一幅画用左边那幅相反的颜色，如左边的树画成黑色，右边的树画成相反的白色。

蒙台梭利

蒙台梭利教育法非常重视地理学的教育，孩子们会一点一点接触他们生活的世界，通过各种各样的地球仪了解整个地球，从无限大到无限小，孩子们会意识到自己生活的星球如此神秘。在这个过程中他们的想象力得到开发，同时他们的求知欲也会被激发。

 ## 探索我们的星球

准备活动

材料:
- 一张世界地图
- 七个盒子
- 彩笔或者彩色便笺纸
- 七大洲的纪念品或者代表物
- 几张彩纸

> **走得更远**
> 你可以给孩子讲各大洲的故事，听各大洲有特色的音乐，制作和品尝各大洲的特色美食。

❶ 一种颜色代表一个大洲，这样方便孩子视觉上分辨不同的洲，五颜六色的地图也更吸引孩子。

❷ 给每一个大洲准备一个盒子，盒子上用彩笔画上大洲相应的颜色，或者贴上这个大洲相应颜色的标签，我们管它叫大洲盒。

欧洲——红色

亚洲——黄色

非洲——绿色

北美洲——橙色

南美洲——玫瑰色

大洋洲——棕色

南极洲——白色

❸ 跟孩子一起把不同的大洲所特有的物品收集到相应的盒子里，如特产、照片、硬币、明信片、邮票、国旗、雕像、塑料玩具等。

❹ 如果你手头没有特别丰富的物品，你可以在网上搜索一些图片，把图片打印成照片，把各种文化差异明显的照片放在不同的盒子里，如住宅、服饰、特色菜、纪念碑、动物、文学作品等。

瑜伽—冥想

🍃 抬腿靠墙

❶ 背部着地躺下来。

❷ 双脚抬起，双腿伸直靠在墙上。

❸ 背部着地双腿靠墙，身体呈直角形。

益处

这个姿势有利于血液从腿部向全身循环，适合用来休息。

练习这些动作时： 可以放一段舒缓的音乐，准备一个地垫，闭上眼睛，把注意力集中在你的呼吸上，注意根据孩子的年龄安排练习时长，最短五分钟，最长十五分钟。

创意活动

虽然在同一个屋檐下生活，但是我们没有互相等待，大家每天都按照自己的节奏做自己的事情，甚至偶尔会忘记身边的家人。现在，我们需要家人的鼓励和安慰，在家人眼中我们永远是美好的，独一无二的。我们平时所做的点点滴滴都会让家里的气氛更平静祥和。

✂ 给予特别关爱的一周

❶ 把每位家人的名字都写在小纸条上，叠好放在一个布袋子、一顶帽子或者一个盒子里。

❷ 周日的晚上每个人抽一张小纸条，上纸条上写的那个人，就是你第二天需要保护的人。

❸ 周一开始，对这个人进行全方位的关照，对他格外客气，给他准备小礼物，处处帮助他，别忘了时不时给他一个大大的拥抱。这个游戏不限年龄。

❹ 游戏持续一天，周一晚上我们要重新抽签，为周二的游戏做准备。

在这种关爱的氛围下，每个人都能感受到特殊的照顾，每个人都能从中受益，家里肯定会一片安静祥和。

嘘，这是个秘密
你们还可以秘而不宣，意思是大家各自抽到名字后不要宣布，第二天互相猜猜对方要保护的是谁。小一点儿的孩子基本上过一会儿就会表现出来，而大一点的孩子肯定会千方百计保守秘密，更加乐在其中。

蒙台梭利

　　七岁之前，孩子总是不怎么会独自整理自己的房间，毕竟整理是乏味而枯燥的工作，然而，整齐有序的生活环境对我们的身心健康更有帮助，在有序的环境中，孩子更容易选择自己想要的玩具，定时整理也能保证玩具不会丢失。

 ## 整理的诀窍

既然孩子不喜欢整理，就试试这几个小游戏。

定期清理

　　在当今过度消费的社会，孩子们经常被消费欲刺激，买了一个又一个玩具，建议孩子把不适合自己年龄或者自己不喜欢的玩具拿到旧货市场出售，这样既能腾出空间，又可以换一些零钱。如果有一些玩具孩子实在不想扔，那就找一个大纸箱子暂时把玩具放进去，说不定过一段时间它又能发挥自己的价值。

调整空间

　　孩子有自己的分类逻辑，他们喜欢分拣和收集，把书从书架上清空，或者把玩具柜清空，让孩子按照自己的逻辑重新调整分拣顺序，如把小汽车放在盒子里，把布娃娃放在橱柜里，把乐高玩具放在另一个盒子里，然后制作一些分类标签，贴在储物箱上。

一个一个玩

让孩子每次只玩一种玩具，玩完以后把玩具整理好放回原位，才能去拿另一种玩具。

整理游戏

编一些整理收纳的小故事，你们可以打扮成故事里的角色，然后演一段整理喜剧，或者放一段"整理音乐"，当音乐停止时看谁整理的玩具更多。

瑜伽

犁锄式

❶ 双腿伸直坐在地上。

❷ 上身向后仰，双腿向上抬起。

❸ 双腿继续向前。

❹ 脚尖着地，同时头颈着地，双手伸直，手掌向下。

❺ 保持几秒钟，呼吸。

❻ 双腿向后，回到原位，膝盖弯曲，身体坐起。

❼ 双腿伸直。

❽ 这个动作重复三次。

柔韧性更好的做法：

身体平躺，双腿直接摆动到脚尖向后着地。

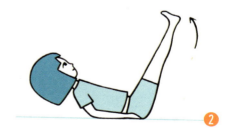

益处

这个动作可以锻炼脊椎、背部和肩膀，同时提高消化能力。

在壁炉前

平躺下来，放轻松。一个冬夜，吃晚饭时门外有人敲门，是一位老先生，他被冻坏了，想到你家里取取暖，你让他赶紧进来，带他来到壁炉边，你给他端上一碗热汤，他慢慢喝下，感觉好多了，脸色也红润起来。你问他为什么这么冷的天还在外面，他说自己是个旅行家，今天迷路了，为了感谢你的热情款待，他愿意给你讲自己的故事。

你和家人围坐在地毯上，有的人腿上还盖着一层厚被子，老先生开始讲故事，他看着你的眼睛然后说："我像你这么大的时候就开始第一次旅行了。"你闭上眼睛，想象自己就是他，你乘船来到一个原始人居住的人烟稀少的小岛，原始人张开双臂欢迎你，给你准备丰盛的晚餐，带你参观整个小岛，岛上有五颜六色的美丽大鸟。

你乘船离开小岛，来到一片山区，一位住在帐篷里的先生招待了你，山区的风景美极了，你继续想象自己的旅行和奇遇，但是老先生的故事讲完了，他说想要给你弹一段吉他，你给他拿了一把吉他，自己也拿了一把，你俩轮流演奏了几首，其中一首就是老先生在原始人岛屿上学来的。你把老先生的背包拿过来，他从包里掏出一个筛子游戏，这是他在山区旅行中带回来的，你们一直玩到半夜。你很高兴能在温暖的壁炉边听老爷爷讲故事，听他唱歌，跟他一起玩。

天快亮了，老先生起身离开，继续他的旅行，你打算长大以后也像他一样去旅行和探险。

给孩子讲个小故事，你们俩都会放松下来。

第 45 周 创意活动

孩子们都喜欢收集落叶，将树叶成束地绑起来，或者夹在书里做标本，这些好看的树叶能给我们带来无限的灵感。你跟孩子一起观察云的变化，然后想象出一座天空动物园，这一次你们一起来观察观察树叶，发挥想象力，这些枯叶不再仅仅是一个标本，它能成为每个孩子灵感的源泉。

✂ 创意植物标本

准备活动

材料：

- 几片落叶
- 一瓶胶水
- 一张黑卡纸
- 一些白纸

长长的树叶可以做兔子的耳朵，棕色的树叶可以做孔雀的尾巴，橡树叶像不像公鸡的鸡冠？黄色圆形的小树叶像不像一只只小鸡？

给孩子举几个例子，让他明白这个游戏的规则，然后发挥他的创造力。

把收集回来的树叶夹在厚一点的书里，存放几小时，然后根据你自己的想象把树叶贴在纸上，制作不同的形状或图画。

 3D创意

把你的创意树叶作品粘在一张纸的正反两面，或者干脆不要把树叶压平，直接用卷起的或者褶皱的树叶粘一幅作品。这个游戏没有硬性要求，也没有谁输谁赢，如果灵感来了，就赶紧去实践它，用大自然赐予我们的物品，来创造出更美好的作品，这难道不是一件开心事吗？

法兰多拉舞蹈贝壳

小一点的孩子可以这么玩：根据自己的能力给贝壳涂颜色，色彩越丰富越好。

大一点的孩子可以这么玩：涂完颜色后，给贝壳里画上几只小蜗牛。

蒙台梭利

　　跟孩子一起去购物，往往会变成一场悲剧，你们正安安静静走在商场或市场里，突然前面有一个卖糖果的摊位，孩子冲过去要买一包糖，你向他解释说家里还有很多糖，然后他开始尖叫、大哭，你怎么努力也没有办法控制孩子的情绪，因此这趟购物就在孩子的哭声中告终，或者你只能把购物车丢下，带着尖叫的孩子赶紧回家，又或者你大发雷霆，这几种结果都不怎么体面。

🖐 无压力地购物

　　我们经常听老人说，现在的孩子比以前的小孩脾气大，那是因为父母管教太宽松，不断让孩子挑战大人的底线，总之，孩子没有变，其实是他们生活的环境不同了，孩子们在日常生活里经常受到不同的刺激，如电视、糖果和新鲜的小玩具。

　　对孩子来说，商场是个充满刺激的地方，他们的大脑接收不同的信号，但他们并不能像成年人一样理性地分析和处理。这样一来，信号对孩子的大脑就会产生一个非常大的压力，因此孩子需要寻找一个减压的方法，如吃糖果、玩玩具、让熟悉的大人抱等，如果我们拒绝，孩子就会很生气，情绪会一下子失控，这是非常正常的，当我们把孩子带离后，孩子又能迅速停下来，这也是非常正常的。我们遇到压力时，一般会有三种应激反应：攻击（调动我们的精力正面对抗危险）、防御（调动我们的精力躲避危险）、冻结（在紧张的刺激下装死。）

　　我们可以试试这几个小游戏。

- 给孩子安排一个任务转移他的注意力，比如，让他选水果，让他检查购物清单，让他去称蔬菜的重量，等等。
- 给他提问题，让他的大脑思考其他事情，比如："现在你的口袋里有几个苹果？"
- 避免在高峰时间购物。

- 时不时在网上购物。
- 购物期间，首先确保孩子不饿或者不累。
- 跟孩子一起哼一首他喜欢的歌。
- 调动孩子的想象力。比如：你喜欢这个玩具熊吗？为什么喜欢它？它是什么颜色的？我想有一个三米高的玩具熊，或者一只可以发出叫声的玩具小猪。

瑜伽—冥想

 狮式

❶ 双腿跪下，坐在双脚后跟上。

❷ 手放在膝盖上。

❸ 吸气，背部弓起，肩膀内含。

❹ 低头，双眼望向肚脐方向。

❺ 呼气，舌头顶住上颚，抬头，抬眉毛。

❻ 像狮子一样发出"嗷"的吼声。

❼ 面部肌肉绷紧，故意做出狰狞的表情。

练习这些动作时：放一段舒缓的音乐，准备一个地垫，闭上眼睛，把注意力集中在你的呼吸上，可以根据孩子的年龄安排练习时长，最短五分钟，最长十五分钟。

创意活动

　　一年四季，尤其在冬天，只要我们给鸟儿准备一些食物，它们就会友好地来吃，给鸟儿做一个喂食小屋，你不但能近距离观察鸟儿，说不定还有机会养两只鸟。总之，你会慢慢认识鸟儿这种满身羽毛的小动物，了解它们的生活习性。

给鸟儿做一个喂食的小屋

制作喂食小屋

材料：
- *一个塑料瓶*
- *两根筷子*
- *一根绳子*
- *一把剪刀*

❶ 把一根筷子从塑料瓶三分之一处横向穿过。

❷ 用另一根筷子从同样的位置与第一根筷子水平垂直横向穿过。这样就出现了四个鸟儿能栖息的小树枝。

❸ 在每根小树枝上方开一个直径为五厘米的小圆洞，圆洞大小刚好能让鸟儿的头进入。

❹ 塑料瓶盖拧下来，打一个孔，把绳子的一头穿过小孔，打上结，拧上瓶盖。

❺ 把喂食小屋挂在阳台上或者花园的树枝上。

❻ 把食物放入瓶里，比如，你吃剩下的苹果核、面包屑、小块奶酪、面条等，每只鸟儿的爱好都不同。

喂食要有规律

如果想吸引鸟儿来吃食，你需要每天在一个固定的时间投食，小鸟有它们自己的习性，只要你遵守时间，它们也会每天守时地来吃食的，这样你就可以更好地观察它们。

蒙台梭利

　　越来越多的科学研究表明，糖对我们的行为和情感有负面影响，如果糖摄入过多会导致冲动、注意力不集中、多动症等。

　　如果一个孩子注意力不易集中，并且他对牛奶过敏，那么我们在早餐时就不让他喝牛奶，这一天我们会看到他的状态格外好。少给孩子吃糖也是一样，只是需要五天才能看到显著效果，如果一个孩子爱哭、易怒，不试试妨减少他对糖和牛奶的摄入量。

——伊莎贝尔·菲里奥扎

无糖挑战

　　跟孩子一起在橱柜前，看看食品包装上的成分表，告诉他糖对健康有害，给他讲讲糖的故事，糖是什么做的，什么样的糖最有营养，等等。如果孩子有很多疑问，在图书馆里你能找到关于糖的营养学书籍。

挑战：准备一顿无糖晚餐

　　看看你给孩子准备的晚餐，从第一道菜到最后一道菜，不加一点糖也可以做出非常美味的晚餐。

　　关于糖的危害：

- 引起血糖和血压升高。
- 影响心情，让人情绪化。
- 导致心跳加速。
- 同食品添加剂一起食用可以引起注意力障碍和多动症。
- 给癌细胞提供养分。
- 可能产生糖依赖。

　　用什么取代糖呢?

- 多糖
- 蜂蜜
- 甜菊
- 枫糖浆
- 椰糖浆
- 桦树液浆

瑜伽

蝴蝶式

❶ 坐下，双腿伸直，上身直立。

❷ 膝盖弯曲双脚向回收，脚后跟贴近臀部。

❸ 双腿打开，双手抓住双脚脚趾，脊柱保持直立。

❹ 保持姿势，呼吸。

❺ 这个动作重复三次。

变化：双腿打开后，双腿像蝴蝶的翅膀一样上下扇动。

211

生日

平躺下来，放轻松。你很兴奋，因为今天是你的生日，你将收到好朋友送来的礼物，但是在这之前，你要先装饰好客厅，准备好室内小游戏，再准备一个生日蛋糕。你把彩带和花环挂在墙上，还挂上了"生日快乐"的彩带，然后你高兴地帮妈妈做巧克力蛋糕。一切准备就绪，你坐在窗前等待好朋友们的到来。

你最好的朋友第一个到达，他和他妈妈带了一份大大的礼物，几分钟后，其他小伙伴也陆续带着礼物来了，你给他们倒饮料，然后大家开始做游戏。

因为是夏天，你在室外组织了一个小型游园会，所有的游戏都非常成功，大家都很高兴，突然，一片寂静。

你意识到大家要给你庆祝生日了，好朋友们把装饰得很别致的蛋糕端了过来，你一口气吹灭了所有蜡烛，在掌声中，你切开蛋糕，和好朋友们一起品尝美味的蛋糕。

大家都很开心，期待已久的拆礼物时间到了，你一个接一个地打开礼物，高兴得合不拢嘴，你们享受了欢乐而美好的一天，真是令人难忘。

给孩子讲个小故事，你们俩都会放松下来。

跟孩子一起做一个简单又美味的水果馅饼，一年四季都有合适的水果，在你们的厨房里，给美味的馅饼增添一些艺术色彩，让孩子按照一定的规律或者按照几何图形做一个曼陀罗水果馅饼，简直太棒了！

 ## 曼陀罗水果馅饼

制作馅饼

配料：

- 一些水果
- 一张酥皮（薄一点的）
- 一些苹果酱或者其他果酱
- 一些杏仁粉
- 一些糖粉

> **涂蛋液**
>
> 想得到更美味的水果塔，可以让大一点的孩子涂蛋液，把一只鸡蛋打进碗里，加一勺糖，一勺牛奶，充分搅拌后，均匀倒在水果塔表面，再进烤箱即可。

① 为了简化程序，我们选一些可以放进烤箱的水果，一方面不会因为水果太出水而把面团弄软，另一方面操作起来更简单。

② 为了让馅饼更好吃，在饼皮上先抹一层苹果酱或者其他果酱，也可以撒一些杏仁粉或者糖粉，或者撒一点杏肉碎。

③ 把水果切成片，如苹果片、桃子片、梨片，或者切两三个李子、杏等，如果冬天没有那么多新鲜水果，你也可以直接用水果罐头，一个馅饼上最好放两到三种水果，这样一来孩子就能按照自己的创意拼出不同的图案。

小一点的孩子可以这么玩：

把馅饼分成一部分，然后填满不同的水果，如三分之一的苹果、三分之一的杏、三分之一的李子。

大一点的孩子可以这么玩：

从边缘到中心，一圈放一种水果，一圈苹果，一圈李子，一圈苹果，一圈李子，最后在中心放一片李子。

再大一点的孩子可以这么玩：

在馅饼上安排四个中心，可以放四片李子，或者四颗樱桃，然后围绕这四个中心分别摆放水果，可以摆成圆形，也可以摆成波浪形。

把馅饼放进烤箱，然后尽情享受美味吧！

 微笑!

找出两个相同的笑脸,它们在哪里?

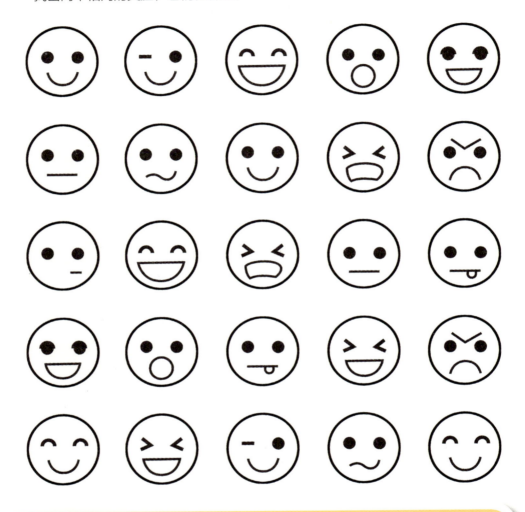

蒙台梭利

有时候孩子们会吵架，有时候他们也会和大人吵架，和平餐桌是一个让我们有机会坐下来和解的游戏。

和平这个词通常与战争相对立，但是和平的概念不仅仅是表达平息战争，
更重要的是在战争开始之前，消除战争的可能性，
这往往比平息一场大战更有意义。

—— 玛利亚·蒙台梭利

 ## 和平餐桌

步骤一：当冲突发生时

- 在家里布置一个小桌子、两把小椅子，用一个代表和平的标志装饰这个空间，如一只鸽子、一张漂亮的风景画、一盆绿色植物等，提醒我们这个角落没有冲突，只有和谐和平静。在家庭成员发生冲突时，让他们坐在这里，用和平的方法解决问题。

  第一次时，可以有一个第三者在场，充当调停者的角色。

- 冲突爆发时，两个人坐到和平餐桌前，先由第一个人以"我"怎样怎样的口吻，谈他的想法和感受，但是不能指责对方，说完以后另一个人再说。

  例如：
  蕾雅："我正在玩小汽车，爱丽丝抢了过去，我有点生气，我想自己一个人在房间里玩。"

  爱丽丝："我看到蕾雅一个人在房间里玩，我感觉有点无聊，想和她一起玩，所以才去拿她的小汽车。"

调停者可以这么做：

- 如果你是调停者，首先要保持中立的态度，不要偏袒任何一方，你可以问爱丽丝："当你听蕾雅说她想一个人在卧室里玩的时候，你感觉怎么样？"让孩子自己说说感受。

- 你可以让他们自己寻找解决问题的方法，让他们讨论一下这种情况应该怎么办，通常孩子会在这样的沟通中找到答案，从而避免冲突升级。

  先让一个孩子慢慢讲自己的想法，然后再让另一个孩子慢慢讲。

瑜伽—冥想

 ## 呼吸游戏

❶ 双膝跪地，身体向前倾，坐在脚后跟上。

❷ 在面前的地板上放一个纸团。

❸ 轻轻呼气，吹动纸团向前移动。

❹ 背部着地，平躺下来。

❺ 把一个手帕铺在嘴上。

❻ 轻轻呼气，把手帕吹起来。

练习这些动作时： 放一段舒缓的音乐，准备一个地垫，闭上眼睛，把注意力集中在你的呼吸上，可以根据孩子的年龄安排练习时长，最短五分钟，最长十五分钟。

创意活动

　　我们经常说视觉会干扰其他感官，因为当我们看到某个事物时，我们不能触摸到它，甚至不能听到它。每一种感官都让我们能够发现一个全新的周围的世界。听觉显然能让我们更好地了解周围环境，如果我们知道把生活中的噪音剔除掉，我们会发现鸟儿的歌声、风吹拂的声音、水流声等。这个小游戏就是让孩子竖起耳朵，仔细听。

 声音的记忆

准备游戏

材料：
- 几卷卫生纸筒
- 一个订书器
- 一些彩笔

发声物品：
- 一些米 / 几颗珍珠 / 一个球 / 一些种子 / 一些扣子 / 一些回形针

❶ 把卫生纸筒的一头捏扁，用订书器钉起来。

❷ 把少量发声物品填入纸筒中，纸筒的另一头捏扁的方向与第一条缝合边垂直，用订书器钉起来。

瓶装

你也可以选择有盖子的小酸奶瓶作为容器，把沙子或者种子放进去，然后拧上盖子，但是要注意容器不能是透明的。

❸ 把同样的发声物品填入纸筒中，但这一次填入的量比第一次大很多。

❹ 用彩笔在纸筒右下角画十字，把每一对填有相同发声物品的纸筒做标记。

❺ 摇晃纸筒听听声音，确保它们发出的声音不会特别相似。

❻ 蒙住孩子的眼睛，给他一个纸筒，让他摇一摇听一听，听完全部纸筒后，让他试着把相同的发声物品配对。

小一点的孩子可以这么玩：五六种不同的发声物品即可。

大一点的孩子可以这么玩：尽量多地选择发声物品。

蒙台梭利

我们整本书都在讨论如何解决孩子发脾气的问题，孩子的情绪很不稳定，所以经常会发脾气，其实孩子不是故意发脾气，只是他们的大脑还没有发育得像成年人一样"成熟"，需要慢慢长大到成年才能控制住情绪，而且孩子们也不能很好地控制自己的行为，有时候情绪不好会让他们做出错事。这里有一些帮助孩子情绪管理的游戏。

情绪管理游戏

孩子发脾气有时是请求帮助的信号，当他们的大脑接收到不能处理的信号时，会直接把信号产生的冲动反射在身体上，这时孩子会感到无限的压力和不满的情绪，表达出来就是愤怒。

确定了愤怒的来源后，你和孩子需要一起走出这种压力，因为孩子的愤怒往往也会给成年人带来压力，你可以问："是不是困了？是不是饿了？是不是在经历情绪敏感期？是不是病了或者哪里疼？"试着找出答案，好让孩子尽快冷静下来。如果这个时候你也很恼火，可以做一些减压的活动，先让自己的情绪平静下来。

孩子们喜欢模仿大人，如果你这么做，孩子也很容易跟你做同样的事。通常情况下，体内分泌了应激激素会导致愤怒，你必须找到一个缓解压力的方法，让身体分泌出"爱"的激素，它能抚慰心灵。

处理孩子（成年人）愤怒的小清单

你们可以做这样的游戏：

- 如果有时间可以到户外去，玩玩球，在草地上跑一跑等。
- 用吸管朝水杯里吹泡泡。
- 放音乐，尽情跳舞。
- 来一场枕头大战，当然要控制住场面。
- 给孩子一个大大的拥抱，安慰孩子。
- 轮流给对方按摩，可以描述成互相给对方制作比萨饼，把对方的背当作一个大面团，使劲揉，然后捶一捶，当作撒上比萨馅料，最后搓一搓，当进烤箱加热，你会感到一股暖流，情绪也会放松下来。
- 跳、跑，对着枕头大叫等。

瑜伽

团身式

1 背部朝下平躺。

2 膝盖弯曲，向胸前移动，同时吸气。

3 双臂抱膝。

4 保持几秒钟。

5 呼气，身体恢复原位。

6 这组动作重复三次。

益处

这个动作可以帮助拉伸背部，保持身体放松，使头脑清醒，同时可以改善消化系统。

颜色

平躺下来，放轻松，闭上眼睛，想象一下你有一个五颜六色的调色盘，里面挤满了油彩，你正在画一幅风景画，你用黄色和蓝色混合成绿色，涂在树木和草坪上，把鲜花和水果涂成红色，你把红色和黄色混在一起变成橙色，然后画了一个大橙子，你用蓝色画天空和溪水，用白色画云朵。

想一想你调色盘里的每一种颜色还能画什么，比如，你可以用白色画一片白雪皑皑的草原，画一条白色裙子给小姑娘穿，画一只手电筒的光，画一只湖面上的白天鹅。再比如，你可以用深色画一片夜空，点缀上金色的星星；用浅蓝色画一片蓝天，点缀上白色的云，画一片蓝色的大海，一条小溪，一挂瀑布，白色的浪花在上面跳跃；红色最漂亮，你可以画一片红色的花海，郁金香也好，虞美人也好，画一篮子红樱桃、多汁的苹果，或者香甜的油桃，你可以画落在花园里的玫瑰花瓣，还可以画圆圆的西红柿和草莓；黄色可以画一颗灿烂的太阳，一颗鲜艳的柠檬，一只美味的香蕉，或者一根玉米；绿色呢？可以画任何植物和树木，还有某些小动物，如树蛙和鹦鹉；橙色可以画什么？当然是胡萝卜，还有小丑鱼。

想象一下田野里各种各样的花，再想象一下天上挂着一道彩虹，让你的世界变得绚丽多彩吧！

给孩子讲个小故事，你们俩都会放松下来。

创意活动

在"一天不看时间"的游戏之后，我们再来一个"一天不换衣服"的游戏。这个游戏不是为了炫耀自己的睡衣多好看，而是让我们有一段什么都不做的时光，不开车出门，不购物，不去花园散步，这个游戏适合在冬天或者阴雨天玩，在家里安安静静地休息和享受。

 慢下来的睡衣日

❶ 一整天穿着睡衣不是要你在床上睡一整天。可以把家里的一角整理得干净舒适，全家人都坐在那里看书或者玩纸牌，还可以放一点柔美的古典音乐，甚至可以点上熏香。

❷ 大家一起整理杂物，或者互相按摩。

❸ 做几个书中讲过的瑜伽和冥想动作。

❹ 吃一顿早午饭，就是比早饭晚，比午饭早的一餐，橙汁、热巧克力、烤面包、咖啡、茶、香肠、煮鸡蛋、水果沙拉等，大家可以随意享受和品尝。还可以在睡前安排一个小茶话会（别给孩子喝茶）。

允许孩子们拿着睡觉时的毛绒玩具到处走，也可以要求你在白天的任何时间给他们讲睡前故事。

枕头大战？
孩子需要一种方法来减压，你们当然可以去户外骑自行车，但是在家里的时光怎么办呢？可以来个枕头大战，孩子们肯定会感觉新鲜有趣。

我的田野里种着······

让孩子们坐下来画画，给各自的田野里画上动物，也可以画拖拉机、花朵、鸟儿、人等，总之按照孩子的想象随意画。

蒙台梭利

　　3 至 12 岁是孩子最喜欢庆祝生日的年龄段，对孩子们来说，地球围绕太阳公转的概念太抽象，但在大人的帮助下，他们应该能理解一年是什么意思，长大一岁是什么概念。

 ## 特殊的蒙台梭利生日

准备家庭生日聚会

材料：

- 一根大蜡烛（作为太阳），几根小蜡烛（数量与孩子的年龄一致）
- 一个打火机
- 一个地球仪
- 用铁丝围一个椭圆形（作为地球的运行轨道）
- 孩子不同时期的生活照
- 一张地毯
- 十二张标签，写上一年十二个月
- 一个盒子里面装满过去一年的纪念品
- 一个生日蛋糕

❶ 把毯子铺在地上，大蜡烛放在中央，用椭圆形的铁丝围绕着大蜡烛。

❷ 点燃蜡烛，告诉孩子："这是太阳，它是一个永远也不会熄灭的大火球，它散发出的光和热让地球上的生物有了生命。"

❸ 椭圆形轨道周围摆好十二个月的标签，你和孩子坐在地毯上，你坐在孩子出生的那个月的标签前，孩子坐在你对面，让他拿着地球仪，对他说："地球仪代表地球，这是我们生活的星球，她要做一次围绕太阳的漫长旅行，你知道地球围绕太阳转一周需要多长时间吗？一年！今年你 XX 岁了，所以你已经围绕太阳转了 XX 圈了！""你是在 XX 月出生的，那个时候地球在这里，你是在 XX 日出生的……"孩子肯定很期待知道自己在几月几日出生。

❹ 给孩子看他出生时的照片，然后给他讲讲他出生的经过。

❺ 你们绕着太阳逆时针走一圈，一边走，一边点燃蛋糕上的第一根蜡烛。

　　"地球绕着太阳转，地球绕着太阳转，一年有十二个月，XX 今年一岁了。"

⑥ 让孩子坐在自己出生的那个月的标签前，给他看自己一岁时的照片，给他讲讲一岁时的经历。

⑦ 让孩子继续绕着太阳转，一边转一边唱"地球绕着太阳转"，这时点燃第二根蜡烛。

⑧ 等孩子停在自己生日那个月标签前时，告诉孩子他两岁了，给他看看两岁时的照片，讲讲两岁时的经历。

⑨ 这样一直走，直到目前孩子的年龄数为止。

⑩ 最后一圈，点燃最后一根蜡烛，对他说："今年你 XX 岁了！"然后唱生日歌：

"祝你生日快乐，地球上的小天使，太阳月亮和星星，给你无限快乐！""生日快乐！"

⑪ 让孩子许个愿，吹蜡烛。

瑜伽—冥想

 ## 听声联想

❶ 双腿盘起，打坐，脚跟盘在大腿内侧（莲花座），或者一只脚的脚跟盘在大腿内侧（半莲花坐）。

❷ 双手掌心向上，轻轻放在脚踝内侧，拇指指尖互相接触，双手拇指和食指形成一个圆。

❸ 深呼吸，然后慢慢吐气，轻轻发出声音，声音慢慢变大，如"eeeeee""mmmm""ooooo"。

小知识
可以根据你选择的发音，改变用鼻子或者嘴巴的呼吸方式。

创意活动

在一年的时间里，总会有几次寄出卡片的机会，如新年、生日、春节、发出邀请函、对别人表达爱意或者是表达谢意，另外，为什么不给邻居寄一张卡片以增进感情呢？让孩子从小就习惯这种表达，对他们来说，这将是非常美好的回忆，为别人制作一张漂亮的卡片，表达关心和爱，通过这个过程，孩子也能体会到努力的意义。

制作缤纷的卡片

涂色、折纸、标本、马赛克、印章，孩子已经掌握了这么多的技能，都可以用来制作卡片，而且我们还能有更多的创意。

点子 1

让孩子把旧杂志里色彩丰富的页面剪下来，剪碎，装进信封里，做一张五颜六色的碎纸屑惊喜卡片，别忘了在信封上写上："打开请当心！"

点子 2

让孩子在一张硬卡纸上画一幅画，然后在背面写上一句祝福的话，再把卡纸剪成拼图。

在制作卡片之前，要想清楚你要送卡片的那个人最喜欢什么，这也是思念远方亲朋的一个好机会。

点子 3

把一张纸来回折，折成折扇形，在其中一个边剪出一个小人儿的剪影，拉开后形成一串小人儿，在后面衬上另一张纸，写上你想说的话。

> **小一点的孩子可以这么玩**：让孩子告诉你他想些什么，然后帮他写。如果孩子已经开始学写字，你可以先用铅笔轻轻在纸上写一遍，然后让孩子描红。
>
> **大一点的孩子可以这么玩**：让孩子自己制作，在旁边给他一些指点，帮他开拓思路。

蒙台梭利

大多数游戏都会分出胜负，增强孩子们的竞争意识，所以孩子们就会觉得获胜非常重要，如果输了就会很失落。合作游戏可以让孩子们体会协作、信任和团结的价值，参与游戏的人都是胜利者，或者大家搞砸了就都是失败者，合作游戏不需要打败对手，需要与队友合作，找出赢得游戏的最佳方式。合作游戏往往会一团和气，不会引起争端。

合作游戏

下面是一些合作游戏的小创意。

抢椅子

❶ 将几把椅子摆成一个圈，椅子数要比参与人数少。

❷ 打开音乐，大家围着椅子转圈。

❸ 音乐停止，大家要立即坐到椅子上，但一把椅子上只能坐一个人，没有抢到椅子的人就被淘汰了。

④ 拿掉一把椅子，继续游戏。

⑤ 一直到只剩下一把椅子为止。

彩色泥坑（至少六人参加）

❶ 准备六条围巾，数量跟参与者人数一致，红色、蓝色、黄色各两条。

❷ 给每个人一条围巾，其他人不能看给的是什么颜色。

❸ 打开音乐，大家回到各自的房间。

❹ 关掉音乐，孩子们立刻从房间出来找到跟自己相同颜色的围巾，把两条相同颜色的围巾围成一个泥坑状。

妈妈和宝宝（参与人数须是双数）

❶ 配对，每一对中一个"动物妈妈"和一个"动物宝宝"，每种动物对应一种叫声，如马、牛、羊。

❷ 蒙住"动物妈妈"的眼睛，把"动物宝宝"安排在房间的不同角落。

❸ 宝宝们发出叫声，妈妈蒙着眼睛去找宝宝。

画图游戏（适合四人参与）

❶ 四人分成两组，每对背靠背坐好，给每人发一张纸和一支笔。

❷ 不许说话，第一个人在纸上画一个图案。

❸ 把图案盖住，第一个人用形体向第二个人演示画的是什么，第二个人把自己猜的内容画下来。

❹ 画完后，把两张画放在一起，看是不是相同。

❺ 交换角色。

瑜伽

婴儿式

❶ 双膝跪在地上，坐在脚后跟上。

❷ 慢慢向前弯腰，直至额头触碰地面。

❸ 双臂自然放在身体两侧。

❹ 呼吸，保持几秒钟。

❺ 这组动作重复三次。

益处

这个动作有利于放松背部、腿部、脚踝乃至全身。

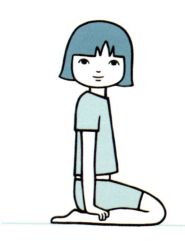

🔴 小故事

从海洋到太空

平躺下来，放轻松，闭上眼睛，想象一下你在一条小河里自由自在地游泳，周围是自由自在的鱼儿和漂亮的水草。一条小鱼游过来，说它想带你去看看大海，于是你们朝大海游去，你们穿过一座大桥，前面是万家灯火，一只鸟儿加入了你们的旅行，一直跟着你们飞，你恍然发现，前面就是大海了。

海底世界简直太美了，你穿过一条海峡，在水底畅游，你抬起头看到阳光射进水面，一大群鱼儿游过来，好奇地看着你，一直陪着你的那条小鱼说那是它的朋友们。小丑鱼是最美的，黄蓝条纹鱼记性很差，总是记不住自己的朋友，螃蟹、寄居蟹、海星总是生活在海底的礁石上，而海龟喜爱到处游，你和朋友们继续往大海更深的地方游，遇到了更多奇怪的生物，你让他们带你去看白珊瑚，不一会儿你们来到珊瑚礁附近，你从未见过这么漂亮的珊瑚。你们开始往上游，遇到了一直跟着你们的鸟儿，他想带你飞过大海，一群鸟儿把你带到空中，你们越飞越高，它们是迁徙的鸟儿，你跟他们飞向很远很远的地方，地上的动物看起来好小，你们停在一个小岛上，鸟儿停在树枝上休息、吃东西，最后你们来到了一个热带地区的国家。

你还想飞得更远，于是继续飞，越飞越高，已经高到能摸到白云，云朵又软又潮湿，突然你冲破云层飞到了云朵上面，再往上飞，来到了太空，你看到脚下是美丽的地球，身边是一闪一闪的星星，你好像在一个布满小亮点的穹顶下，你继续飞向外太空，想去摸一摸天上的星星。

给孩子讲个小故事，你们俩都会放松下来。

创意活动

美好的一天应该从一顿悠闲从容的早餐开始，这次让孩子给你和另一半做一顿早餐，孩子很愿意为父母做点事表达爱意，或者证明自己长大了，而你和另一半会在这个过程中感到很欣慰，一起体验家庭的幸福吧！

 ## 慢节奏早餐

这一年孩子跟你学了很多东西，你们一起经历了学习和创造的过程，做手工、烹饪、分享经验……带孩子复习一下之前学过的内容，重温这一整年与孩子共度的美好时光。

烹饪

早餐可以做一杯奶昔（第 177 页），别忘了做一份蝴蝶酥（第 43 页），或者来一份里面藏着惊喜的小饼干（第 16 页）。

装饰

餐桌或餐盘上装饰一些纸花（第 148 页），或者一个毛球（第 68 页），也可以装饰一个彩色风车（第 190 页），或者一个创意面团（第 21 页）。

 感谢！
这顿早餐最重要的一个环节就是"感谢"，父母要感谢孩子准备了这么丰盛的早餐，告诉孩子你为他们感到骄傲，称赞他们长大了，鼓励他们继续做下去。

气氛

放一首你给孩子听过的古典音乐。

当然，孩子们也可以尽情发挥想象，给父母唱一首歌，即兴做一首诗，让他们把这一年学到的东西尽情展现出来。

 肥皂泡

让孩子们给肥皂泡涂上绚丽缤纷的色彩。

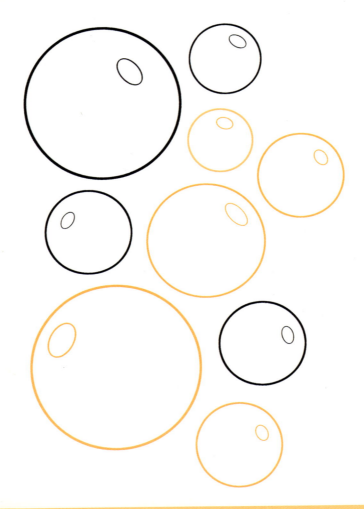

不同年龄的孩子有不同的做法：

- 用水彩给肥皂泡涂上彩虹的颜色。
- 把锡纸剪成碎片，贴在肥皂泡上。
- 如果孩子还想给肥皂泡添加更多装饰，可以让他把扣子粘在泡泡上，
  或者用棉签蘸上颜料涂颜色。